JOÃO FÁBIO BERTONHA

DOUTOR EM HISTÓRIA SOCIAL PELA UNICAMP
PROFESSOR DE HISTÓRIA CONTEMPORÂNEA DA UNIVERSIDADE
ESTADUAL DE MARINGÁ-PR

A SEGUNDA GUERRA MUNDIAL

3ª edição

Selecionado para o PNLD — SP/2002

Copyright © João Fábio Bertonha, 2001

Editor
Rogério Gastaldo
Assistentes editoriais
Elaine Cristina del Nero
Nair Hitomi Kayo
Secretária editorial
Rosilaine Reis da Silva
Suplemento de trabalho
Sérgio Souza
Pesquisa iconográfica
João Fábio Bertonha
Revisão de texto
Pedro Cunha Jr. e Lilian Semenichin (coords.) /
Aline Araújo
Gerência de arte
Nair de Medeiros Barbosa
Supervisão de arte
Vagner Castro dos Santos
Projeto gráfico
Christof Gunkel
Diagramação
Alexandre Silva
Capa
Antonio Roberto Bressan
Mapas
Selma Caparróz
Produtor gráfico
Rogério Strelciuc
Impressão e acabamento
Digital Page

Dados Internacionais de Catalogação na Publicação (CIP)
(Câmara Brasileira do Livro, SP, Brasil)

Bertonha, João Fábio
A Segunda Guerra Mundial / João Fábio Bertonha. — 3. ed. — São Paulo : Saraiva, 2009. — (Que História é Esta?)

Bibliografia.
ISBN 978-85-02-03374-0
ISBN 978-85-02-03375-7 (professor)

1. Guerra Mundial, 1939-1945 I. Título. II. Série

CDD-940.53

Índice para catálogo sistemático:

1. Guerra Mundial, 1939-1945 : História   940.53

3ª edição / 5ª tiragem
2014

Todas as citações de textos contidas neste livro estão de acordo com a legislação, tendo por fim único e exclusivo o ensino. Caso exista algum texto a respeito do qual seja necessária a inclusão de informação adicional, ficamos à disposição para o contato pertinente. Do mesmo modo, fizemos todos os esforços para identificar e localizar os titulares dos direitos sobre as imagens publicadas e estamos à disposição para suprir eventual omissão de crédito em futuras edições.

R. Henrique Schaumann, 270 – CEP 05413-010 – Pinheiros – São Paulo-SP

SAC 0800-0117875
De 2ª a 6ª, das 8h30 às 19h30
www.editorasaraiva.com.br/contato

201452.003.005

Sumário

Introdução, 4

1.
As origens da Segunda Guerra Mundial, 5

A política internacional de 1815 a 1918 5
    A ascensão da Inglaterra 5
    Novos atores entram em cena 6
    A Primeira Guerra Mundial 8
O mundo de 1918 a 1939 10
    A reconstrução europeia e a ascensão das ditaduras 10
    O expansionismo nazista 11

2.
A Segunda Grande Guerra: o avanço do Eixo (1939-1941), 14

A última guerra europeia 14
A invasão da URSS 16
A guerra do Pacífico 18

3.
A Segunda Grande Guerra: a vitória aliada, 20

Os ocidentais e o Mediterrâneo 20
A frente ocidental 22
A frente oriental 24
A invasão da Alemanha 25
A guerra no Pacífico 26
Três guerras em uma 29

4.
A explicação da vitória aliada, 30

A guerra e a História 30
A guerra no século XX 32
A Segunda Guerra e a batalha da produção 33

5.
Sociedades em conflito, 40

As populações e o esforço de guerra 40
O novo mundo nazista 42
O saque da Europa 44
A Resistência e o colaboracionismo 46

6.
O Brasil e a Segunda Guerra Mundial, 47

O Brasil e o mundo nos anos 1930 47
O Brasil e a entrada na guerra 48
O Brasil na guerra 50
A Força Expedicionária Brasileira 52
Os norte-americanos no Brasil 54

7.
Os efeitos da Segunda Guerra Mundial, 54

Linha do Tempo, 58

O que ler, ver, ouvir, visitar e por onde navegar..., 60

Introdução

A praia de Omaha era um inferno de sangue e balas. Os jovens soldados norte-americanos desembarcavam de suas lanchas e eram crivados de tiros pelos alemães, entrincheirados em suas casamatas. Os soldados do capitão Miller só a muito custo conseguiram superar a resistência dos nazistas e dominar a situação. Corpos espedaçados, o mar vermelho de sangue, a confusão e o pavor dos soldados e as ordens de atacar. Os primeiros quinze minutos do filme *O resgate do soldado Ryan*, direção de Steven Spielberg, mostram de forma extremamente realista um dos momentos centrais do maior conflito da história da humanidade, a Segunda Guerra Mundial, entre 1939 e 1945.

Neste livro, vamos estudar esses seis anos de conflito que mudaram o mundo e causaram mais mortes que todas as guerras anteriores juntas. Partindo de uma perspectiva um pouco diferente, o que queremos é recuperar tanto as origens do conflito e as suas consequências para o mundo em que vivemos, como as grandes questões políticas e os problemas econômicos que estavam por trás dele e que acabaram por explicar a vitória de um lado e a derrota do outro.

A simples enumeração de batalhas, vitórias e derrotas encobre, realmente, as outras batalhas que marcaram os destinos do conflito, ou seja, as da maciça mobilização industrial e humana, bem como a disputa científica e tecnológica que, em última instância, explicam a derrota do Eixo e a vitória dos Aliados. Recuperar esse tópico é um dos objetivos deste livro.

Essa menção à enorme mobilização das sociedades envolvidas no conflito — com efeitos em todos os aspectos da vida dessas sociedades — também nos fornece a chave para realizar algo que consideramos fundamental: a superação de uma visão do conflito centrada apenas no aspecto militar. Para entendermos a Segunda Guerra, precisamos realmente abordar as mudanças que a guerra causou — nos campos social, cultural, científico e político — nas sociedades envolvidas e a influência dessas mudanças nos resultados do conflito e no mundo de hoje.

Desembarque de soldados na Normandia, região norte da França, em junho de 1944. Esta operação ficou conhecida como *Dia D*, que marcou o início da vitória dos Aliados na Segunda Guerra Mundial.

Outro ponto que procuraremos trabalhar com detalhes é a participação brasileira no conflito; está na hora de parar de ver nosso país como algo separado do mundo. Queremos que este trabalho ajude o leitor a perceber como o país está ligado ao mundo e que não faz nenhum sentido uma história do Brasil que não se conecte com a história mundial.

Essa viagem que faremos pelo segundo conflito mundial terá momentos dolorosos, em que nos tornaremos testemunhas da morte e da dor de milhões de pessoas. Será uma viagem que nos aproximará de personagens e fatos que fizeram a História do século XX, do qual somos herdeiros e espectadores.

1. As origens da Segunda Guerra Mundial
A política internacional de 1815 a 1918

A ascensão da Inglaterra

Quando Napoleão Bonaparte foi derrotado por uma aliança de vários países europeus (especialmente Rússia, Prússia, Áustria e Inglaterra) em 1815, um país emergiu como a principal potência do mundo: a Inglaterra. A derrota da França espantou muita gente naquela época, pois era um dos países mais ricos e populosos da Europa, possuía o maior e mais disciplinado Exército e a liderança dos melhores generais. Além disso, pouco antes, a França dominava todo o continente europeu. Como era possível que, poucos anos depois, o Exército francês tivesse sido derrotado e o país perdido tudo o que havia conquistado?

Uma primeira resposta era a tendência de os Estados europeus, desde o fim da Idade Média, não permitirem que um país, isoladamente, controlasse todo o continente. Para os Estados europeus, preservar a própria independência era realmente prioridade. Assim, quando qualquer um deles parecia estar ficando forte o suficiente para dominar os outros, todos se reuniam contra ele até sua derrota, mantendo o equilíbrio. Não foi à toa, assim, que o domínio francês na Europa tenha sido questionado desde o início. O fato de a França estar, após 1789, sob um novo regime, nascido da Revolução Francesa e dominado por ideias (como democracia e igualdade entre os homens) que assustavam as elites europeias, tornava ainda mais difícil para elas aceitar o domínio francês. Mesmo sob o controle enérgico do poderoso Exército de Napoleão, as elites que governavam a Europa não se submeteram ao Império francês.

Naquela Europa, porém, dominada pelo Exército francês, apenas uma potência era forte o bastante para liderar a resistência contra a França: a Inglaterra. O Exército inglês era pequeno, mas sua Marinha era a mais poderosa do mundo, e o país controlava o comércio da Europa com o mundo tropical. Além disso, a economia, o comércio e a estrutura bancária da Inglaterra eram muito mais desenvolvidos do que o resto da Europa. Com sua Marinha cercando o território dominado pela França e dispondo de recursos financeiros no volume necessário para armar e sustentar os inimigos desta no continente, a Inglaterra acabou vencendo a ameaça francesa e se firmando como a grande potência europeia no período após 1815.

Nos cinquenta ou sessenta anos

Leia sobre Napoleão Bonaparte na Internet: www.vidaslusofonas.pt/ napoleao_bonaparte.htm

seguintes, a Inglaterra consolidou seu papel de país mais poderoso do planeta. Sua Marinha e seu comércio ainda eram os mais importantes do mundo e, para completar seu predomínio, foi no território inglês que se desenvolveu a Revolução Industrial. Como decorrência, a economia inglesa se converteu na mais importante do mundo na primeira metade do século XIX, o que lhe acrescentou ainda mais poder. Os ingleses, além disso, sabiam como os Estados europeus eram ciosos de suas independências, e por isso não pensaram em conquistar diretamente, como Napoleão havia feito, os territórios dos seus vizinhos, o que facilitou o seu domínio na Europa e no mundo.

A Revolução Industrial

Até o século XVIII, a produção de mercadorias era feita de uma forma muito diferente da de hoje. Grupos de artesãos fabricavam manualmente o necessário para a sociedade (tecidos, armas, objetos de decoração etc.), num processo lento e custoso. A Revolução Industrial foi a introdução maciça de máquinas e dispositivos mecânicos que permitiram um aumento imenso na produção de mercadorias e, ao mesmo tempo, uma diminuição dos seus custos. A Revolução Industrial também criou um novo mundo ao modificar as antigas relações sociais existentes, eliminando os antigos artesãos, fortalecendo os burgueses, donos das fábricas, e gerando um outro grupo social, os operários.

Novos atores entram em cena

As décadas finais do século XIX viram, porém, uma profunda alteração no *ranking* das potências mundiais. A Inglaterra continuou sendo o país mais poderoso, mas, à medida que a Revolução Industrial se espalhava pela Europa e América do Norte, diversos Estados começaram a adquirir poder econômico e militar suficiente para questionar esse predomínio. Dentre esses Estados, dois merecem destaque: os Estados Unidos e a Alemanha.

Durante o século XIX, os Estados Unidos tiveram um aumento assombroso na sua produção agrícola e industrial, o qual teve como resultado a transformação dos EUA no mais rico país do mundo a partir do final do século XIX. Em 1913, por exemplo, a economia dos EUA superava a de todos os países europeus juntos. No entanto, as elites norte-americanas não tinham grande interesse na disputa de poder europeia, nem em criar um grande poder militar (com a exceção de uma razoável Marinha de guerra). Com isso, o crescimento do poder norte-americano não abalou muito o relacionamento entre os países que dominavam o mundo. Caso muito diverso foi o da Alemanha.

Até meados do século XIX, a Alemanha não passava de um conjunto de pequenos países fracos e pouco desenvolvidos, dos quais se destacavam a Prússia e a Áustria. A partir de 1850, mais ou menos, esses pequenos países (com exceção da Áustria) foram sendo pouco a pouco unidos em torno da Prússia, formando um novo Estado, o Império alemão. Ao mesmo tempo, essa nova Alemanha passava por um intenso processo de industrialização, criando um colosso industrial,

Fonte: L. Koshiba. *História: origens, estruturas e processos.* São Paulo, Atual, 2000.

econômico e científico. Esse colosso surgiu em pleno centro da Europa e construiu uma enorme força militar para conquistar o que desejava. O surgimento dessa poderosa e questionadora Alemanha ajudou a tornar o cenário internacional do final do século XIX e início do XX muito mais conturbado do que era no período anterior.

Para completar essa mudança de cenário, as potências europeias passaram a se envolver na busca de novas colônias no mundo. Na verdade, as grandes nações europeias, como França e Inglaterra, possuíam colônias no mundo tropical desde pelo menos o século XVII e, se pensarmos em Espanha e Portugal, até mesmo antes. No final do século XIX, contudo, as colônias adquiriram importância ainda maior, servindo não só para o comércio e para o abastecimento da Europa de produtos tropicais (como havia sido nos séculos anteriores), como também para fornecer matérias-primas e consumir os produtos industrializados das metrópoles europeias. Além disso, houve uma mudança substancial na mentalidade das elites europeias nesse período. Dispor de colônias não era mais simplesmente uma questão de escolha. Num momento em que o nacionalismo exacerbado estava se tornando, por diversas razões, uma das bases da política europeia, não dispor de colônias e de forças militares poderosas e não ser imperialista era sinal de fracasso nacional, e a maioria das nações europeias se lançou nesse desafio de criar grandes impérios na África e na Ásia.

Nesse ponto, o contraste com a época das grandes navegações é significativo. Dos séculos XVI a XVIII, as colônias na América eram um excelente negócio para as grandes nações europeias e para o nascente sistema capitalista, mas não uma questão de vida e morte para elas. A partir do século XIX, porém, as colônias se tornaram fundamentais para fortalecer as economias nacionais e demonstrar a vitalidade e a força do Estado e do povo. O grande problema é que, a partir do momento em que quase todo o mundo não europeu já estava colonizado ou semicolonizado (como a América Latina), aumentos de território colonial só podiam ser obtidos pela diminuição do território do vizinho, o que significava guerra.

> **A América Latina na era imperialista**
>
> A maior parte das antigas colônias espanholas, portuguesas e inglesas da América havia conseguido se libertar de suas metrópoles entre o final do século XVIII (caso dos Estados Unidos) e início do XIX (Brasil e América espanhola). No decorrer do século XIX, com a nova onda imperialista, muitas pessoas na Europa chegaram a pensar na reconquista da América Latina pelas nações europeias. A oposição da Inglaterra e, especialmente, a dos Estados Unidos (que já tinham imensas vantagens comerciais e econômicas na região) impediram essa recolonização, mas uma grande dependência dos latino-americanos perante a Europa e os EUA foi uma constante nesse período.

Além disso, a própria guerra não era vista, naqueles anos, com maus olhos por parte substancial das elites dominantes na Europa. Para boa parte delas, a guerra seria uma maneira de reafirmar seu domínio sobre os povos de outros países e de gerar um novo mundo, mais adaptado às suas ideias e perspectivas. Basta lembrar que, naqueles anos, não existiam "Ministérios da Defesa" como hoje, mas "Ministérios da Guerra". Isso não quer dizer, claro, que todos os europeus ansiassem pela guerra, mas esse desejo existia em boa parte das elites políticas e intelectuais do continente, ajudando a gerar um clima pró-conflito em toda a Europa.

A Primeira Guerra Mundial

Nacionalismo exacerbado, disputas coloniais e militarismo formavam, assim, um coquetel explosivo e geravam muita tensão entre as grandes potências europeias, que temiam ficar sozinhas numa grande guerra, o que significaria derrota certa. Uma das maneiras encontradas para tentar resolver esse temor foi a construção de alianças, que acabaram formando dois grandes blocos: os aliados da Alemanha (Império Austro-Húngaro, Bulgária) e os aliados da França (Rússia e Inglaterra) do outro.

Alianças não eram, como vimos, novidade no cenário europeu. Essas alianças do início do século XX, contudo, tinham uma particularidade: eram fixas. Antes, os europeus faziam e desfaziam suas alianças conforme os acontecimentos, sempre tentando impedir que o país mais forte dominasse os outros. Um método talvez pouco leal, mas que impedia que blocos rivais se formassem e que o ódio entre eles crescesse (pois os inimigos de hoje podiam ser os amigos de amanhã). No início do século XX, essa flexibilidade se foi, e até a Inglaterra, uma das maiores defensoras dessa política de todos contra todos para impedir o mais forte de triunfar, acabou por se unir definitivamente à França contra a Alemanha, depois que esta começou a construir uma grande marinha de guerra, a qual poderia ser capaz de ameaçar o Império britânico.

O resultado foi um continente dividido em dois blocos rivais em contínua tensão. Uma simples fagulha poderia incendiar todo o edifício. E essa fagulha ocorreu em 1914, quando o arquiduque austríaco Francisco Ferdinando foi assassinado por um sérvio. A Áustria ameaçou a Sérvia, que recebeu o apoio da Rússia. Em pouco tempo, a Alemanha apoiava a Áustria, e a França ameaçava a Alemanha. Todas as antigas tensões, todos os planos de guerra vieram à tona, e a máquina da morte se colocou em movimento, sendo impossível pará-la. A morte de um arquiduque austríaco não deveria abalar o mundo, mas acabou levando, no contexto mencionado acima, à Primeira Guerra Mundial.

Essa guerra espantou o mundo por sua brutalidade e o transformou profundamente. De fato, a guerra causou um número de mortos e feridos tão elevado (na casa de dezenas de milhões) e abalou tanto a economia e a estrutura social dos países envolvidos que abriu espaço para enormes contestações sociais. A queda do regime do Kaiser na Alemanha, a desagregação do Império Austro-Húngaro e, especialmente, a implantação do comunismo na Rússia (desde então União Soviética) foram alguns efeitos do impacto da guerra. Um mundo novo surgiu em 1918, quando foi assinada a paz, e foi nesse mundo novo, mas ainda cheio de problemas oriundos do velho, que germinou a Segunda Guerra Mundial.

A morte de Francisco Ferdinando

Em 1912, o Império Austro-Húngaro anexou a Bósnia, o que desgostou profundamente muitos habitantes da Sérvia, que acreditavam que seu país tinha muito mais direito à região do que a Áustria-Hungria. O herdeiro do trono austríaco, arquiduque Francisco Ferdinando, em visita à Bósnia em 1914, foi assassinado por um terrorista sérvio. O governo de Viena considerou que o governo sérvio estava envolvido e apresentou um ultimato a ele. A partir desse ultimato, entrou em movimento a engrenagem que levou à guerra.

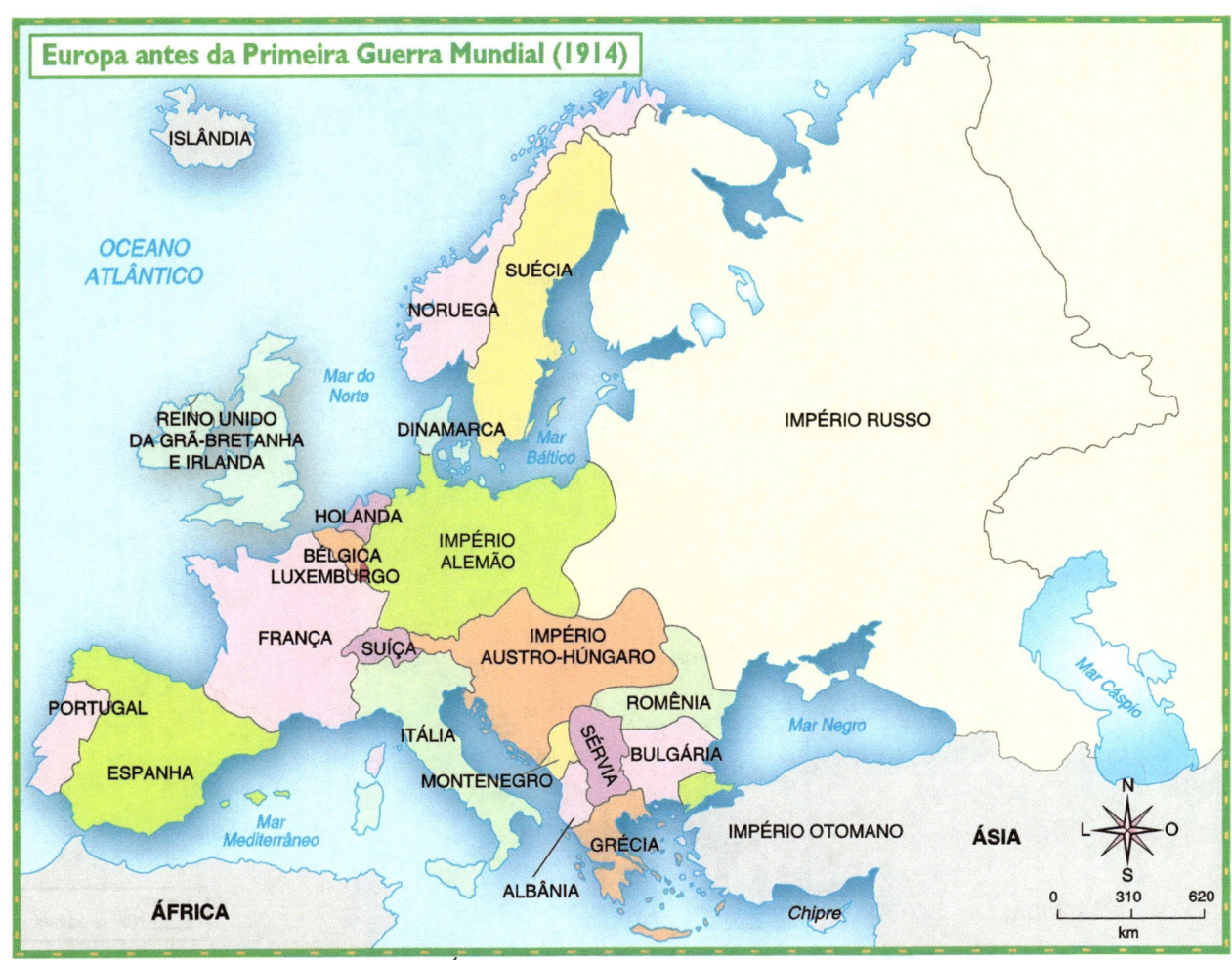

Europa antes da Primeira Guerra Mundial (1914)

Fonte: N. Piletti e C. Piletti. *História e vida.* v. 4. São Paulo, Ática, 1997.

A Revolução Russa

Até 1914, a Rússia era um país agrário, governado de forma absoluta pelos czares (imperadores). Seu governo tentava modernizar o país, industrializando-o, e procurava participar das guerras e das disputas de poder europeias. Por causa desse desejo de interpretar o papel de grande potência, participou da Primeira Guerra Mundial. Participação desastrosa, que levou o país ao colapso e a população à revolta em 1917. No meio desse colapso, um grupo de revolucionários, os bolcheviques, chefiados por Lênin, conseguiu tomar o poder e transformou o país no primeiro Estado comunista do mundo.

O mundo de 1918 a 1939

A reconstrução europeia e a ascensão das ditaduras

O mundo surgido em 1918 pareceria muito diferente para uma pessoa acostumada a viver no período anterior. Várias das antigas monarquias haviam desabado; a civilização europeia, antes tão ciosa da sua suposta superioridade material e cultural sobre os outros povos, estava em ruínas e em dúvida quanto a que caminhos seguir. Para completar, as sociedades europeias estavam em grande agitação política e social. Tudo isso forneceu combustível para o aparecimento de ditaduras fascistas em vários países europeus.

Europa após a Primeira Guerra Mundial (1923)

Fonte: N. Piletti e C. Piletti. *História e vida*. v. 4. São Paulo, Ática, 1997.

O primeiro dos países europeus a se tornar uma ditadura fascista foi a Itália. Já em 1922, o Partido Nazionale Fascista de Benito Mussolini conseguiu assumir o poder e manteve-se no comando da Itália até a Segunda Guerra Mundial. Vários outros países europeus seguiram o caminho da ditadura nos anos 1920 e, especialmente, nos anos 1930, quando parte significativa da Europa estava sob o domínio de regimes ditatoriais, vários deles fascistas.

Esses regimes variavam enormemente entre si, mas, em geral, caracterizavam-se pela defesa do Estado forte, combate aberto à esquerda e, especialmente, por um nacionalismo e militarismo exacerbados. A ênfase no nacionalismo e a defesa da guerra como forma de resolver os problemas internacionais eram um péssimo prognóstico para a paz, mas não foram realmente preocupantes até atingir o país mais importante da Europa nesse momento: a Alemanha.

A Alemanha, derrotada em 1918, foi proibida de ter grandes forças armadas e recebeu severas penalidades (perdas territoriais e econômicas) por parte dos Aliados vencedores. O poder econômico alemão, contudo, era tão superior ao dos outros países europeus que foi apenas questão de tempo recuperar-se como potência. E essa recuperação aconteceu, mas da pior maneira possível: com a Alemanha controlada por Adolf Hitler e o nazismo.

O expansionismo nazista

O nazismo chegou ao poder na Alemanha em 1933. Imediatamente, ele promoveu políticas, coroadas de sucesso, para expandir a economia alemã e rearmar o país. Em pouco tempo a Alemanha voltou a ser o país mais poderoso da Europa, e Hitler iniciou uma política agressiva para não apenas conquistar o que achava o direito da Alemanha, como também para refazer o mundo com base nas suas ideias.

Realmente, a Alemanha nazista mantinha algumas tradições da política internacional alemã desde o período anterior à Primeira Guerra Mundial. Ela queria o domínio completo do continente europeu, colônias além-oceano e o reconhecimento de que era um dos países dominantes no mundo. Hitler acrescentou a isso a obsessão em refazer racialmente o mundo, criando uma nova civilização onde os alemães e outros povos germânicos seriam os senhores e as outras raças, os escravos. Apenas a alguns povos, como aos ciganos e, especialmente, aos judeus, não seria reservado lugar nesse mundo. Na visão de mundo dos nazistas, que veremos depois, os judeus deviam ser exterminados na totalidade, e quase realmente o foram.

Benito Mussolini (1883-1945) e Adolf Hitler (1889-1945), líderes do fascismo europeu. No período entreguerras, ocorreram grandes agitações políticas e sociais na Europa. O fortalecimento das propostas que defendiam alterações radicais na sociedade abriu caminho para a subida ao poder de Mussolini na Itália, em 1922, e de Hitler na Alemanha, em 1933, aliados em torno dos mesmos objetivos e das mesmas ideias.

11

Reunião do Partido Nazista em 1935. A chegada do Partido Nacional Socialista ao poder, em 1933, marcou o início da ditadura nazista. Consolidando o seu poder, dissolvendo partidos, eliminando os adversários, Hitler alcançou a presidência após a morte do então presidente Hindenburg, em 1934, tornando-se assim o senhor absoluto da Alemanha.

Para defender essas políticas, Hitler começou a perseguir uma política de expansionismo contínuo. Ele conseguiu reunificar a Áustria à Alemanha e incorporar vários outros territórios, com a concordância de França e Inglaterra, hesitantes sobre o que fazer e apavoradas com o poder e a agressividade alemã. Também o expansionismo italiano e japonês colaborava para deixar tensa a situação internacional. Após anos de contínuos avanços alemães, contudo, chegou um momento em que Inglaterra e França decidiram dar um basta ao expansionismo de Hitler e, quando tropas alemãs invadiram a Polônia, estes dois países declararam guerra à Alemanha. Em 1º de setembro de 1939, meros 21 anos após o fim da Primeira Guerra Mundial, começava uma outra, ainda mais mortífera e sangrenta.

Fonte: Sonia I. do Carmo. *História: passado e presente*. Moderna e Contemporânea. São Paulo, Atual, 1994.

A Segunda Guerra Mundial, assim, não foi um ato de loucura de Adolf Hitler ou uma simples luta entre o bem e o mal. Havia toda uma história de conflito entre as principais potências europeias pelo poder e pela riqueza mundiais que vinha desde pelo menos 150 anos antes.

Nesse cenário, um dos problemas centrais sempre foi o de encontrar um lugar para a Alemanha, e as duas guerras mundiais foram, em boa medida, respostas à tentativa alemã de obter pela força o que ela desejava. No entanto, o próprio desafio alemão só pode ser entendido no contexto de ascensão e queda das grandes potências e da disputa intensa por poder, riqueza e domínio. Sem isso em mente, corremos o risco de simplesmente culpar os alemães por todo o sangue derramado e não compreender a responsabilidade de outros povos e do próprio sistema capitalista nas guerras que ensanguentaram o século XX.

No entanto, a Segunda Guerra não foi simplesmente uma continuação da Primeira. Traços de continuidade certamente existiram, como vimos no parágrafo anterior, e por isso tivemos que retornar quase um século e meio para explicá-la. Ainda assim, a Segunda Guerra teve a particularidade de ter sido uma guerra também grandemente ideológica. De fato, o período entre 1918 e 1939 (e, especialmente, entre 1929 e 1939) foi de intensa crise do sistema capitalista e agitação política e social, e isso afetou as relações internacionais.

Os países democráticos (França, Inglaterra, Estados Unidos), a URSS comunista e os regimes de caráter fascista (como a Itália e a Alemanha, que formaram, junto com o Japão, o "Eixo") pensavam o mundo de forma diversa, e essa oposição de ideias e políticas também ajudou a conduzir o mundo para a guerra em 1939. A Guerra Civil Espanhola (1936-1939) é um exemplo claro dessa influência das ideologias na política internacional, na paz e na guerra naquele momento.

A Guerra Civil Espanhola

Na metade dos anos 1930, a esquerda foi levada ao poder na Espanha pelo voto popular, iniciando uma política de combate aos grandes proprietários de terra, à influência da Igreja Católica na sociedade espanhola e aos privilégios dos ricos. Essas ações estimularam um golpe de Estado militar, liderado pelo general Francisco Franco, que procurou reverter essa política. Com a resistência do governo legítimo em deixar o poder, a Espanha se dividiu ao meio e uma sangrenta guerra civil foi travada entre 1936 e 1939. De um lado, estavam os republicanos, apoiados pela União Soviética e pela esquerda internacional, que organizou brigadas de voluntários para combater em sua defesa. De outro, os militares do general Francisco Franco, apoiados pelas forças conservadoras da sociedade espanhola e pelas potências fascistas. Após três anos de guerra, o general Franco assumiu o poder e, tendo permanecido neutro durante a Segunda Guerra, conseguiu se manter nele até sua morte em 1975.

A crise de 1929

A economia capitalista, em relativa prosperidade entre 1918 e 1929, entrou na mais intensa crise de sua história em 1929. Essa crise foi causada, em boa parte, pelo excesso de produção e por problemas de administração da economia norte-americana. Tendo como centro os Estados Unidos, a crise se espalhou rapidamente por todo o mundo capitalista e, especialmente, por aqueles países que dependiam dos capitais e do comércio norte-americanos, como a Alemanha e as nações latino-americanas.

2. A Segunda Grande Guerra: o avanço do Eixo (1939-1941)

A última guerra europeia

A primeira fase da Segunda Guerra Mundial foi basicamente europeia. Contando com recursos militares muito superiores aos da Polônia e, especialmente, com a superioridade de sua doutrina militar — a *Blitzkrieg* —, o Exército alemão conseguiu derrotar o país em menos de um mês. França e Inglaterra nada puderam fazer para ajudar os poloneses, e seu esforço para impedir que a Noruega e a Dinamarca caíssem sob o controle das tropas nazistas em abril de 1940 não foi muito melhor.

Tropas alemãs entram em Varsóvia, em 1939. A ocupação da Polônia foi justificada por sua recusa em permitir a anexação de Dantzig à Alemanha, assim como do corredor que a separava da Prússia Oriental.

> **A *Blitzkrieg***
>
> Depois do fim da Primeira Guerra Mundial, o grande objetivo dos estrategistas militares ocidentais era encontrar uma maneira de evitar a repetição da guerra de trincheiras. Os franceses, por exemplo, construíram a "Linha Maginot", para proteger seus soldados dos horrores daquela guerra. Já os alemães criaram a técnica da *Blitzkrieg* ("guerra relâmpago"). De acordo com essa técnica, os tanques e os aviões, que, na Primeira Guerra, haviam sido usados apenas para apoiar a infantaria, seriam utilizados de forma diferente, em massa, atacando o inimigo com tal velocidade que os impediria de se proteger. Essa técnica permitiu várias vitórias aos alemães e até hoje está presente no pensamento militar.

Na verdade, tanto o governo inglês quanto o francês estavam assustados com a perspectiva de uma nova guerra e pouco confiantes em seus recursos militares, o que levou a uma atitude de acomodação e de espera. Concentradas atrás da "Linha Maginot" (linha de defesa na fronteira franco-alemã), as tropas francesas e inglesas esperavam que os alemães tomassem a iniciativa, da paz ou da guerra.

O governo nazista optou pela guerra, mas não da forma que Inglaterra e França estavam aguardando. Em vez de atacarem ao estilo da guerra anterior, com massas de infantaria lentas, os alemães utilizaram a técnica da *Blitzkrieg* para romper a linha de defesa aliada em um ponto pouco defendido e, a partir daí, avançaram pela retaguarda com tamanha

rapidez que foi impossível detê-los. Esse forte revés militar, ocorrido em maio de 1940, associado ao derrotismo e ao fatalismo que dominavam os governos francês e britânico, levou à derrota e à rendição da França e à conquista da Holanda, da Bélgica e do Luxemburgo pelos nazistas. Restava apenas submeter o Reino Unido para a vitória alemã na guerra se concretizar.

Para o governo nazista e, especialmente, para Adolf Hitler, a conquista do Reino Unido não era vista como prioridade, pois os nazistas viam os britânicos como uma "raça nórdica irmã" e acreditavam ser possível chegar a algum tipo de acordo com eles. Por isso, tentou-se fazer a paz, oferecendo-se a sobrevivência em troca da submissão. Apenas quando essa oferta foi recusada a Alemanha ordenou a invasão do território inglês, só impedida pela vitória da Força Aérea britânica sobre a alemã, em 1940.

Não espanta, na verdade, o fato de o governo britânico (capitaneado por Winston Churchill a partir desse ano) ter recusado a oferta de paz nazista. Realmente, a Inglaterra entrou na Segunda Guerra Mundial por uma razão simples: impedir a Alemanha de conquistar o continente europeu e, a partir daí, o Império britânico. Em outras palavras, o que realmente levou o governo britânico à guerra foi a sua resistência em aceitar que a independência e os domínios do país fossem ameaçados.

Do mesmo modo, foi a disputa por poder e por áreas de influência que levou Mussolini a entrar na guerra, em 1940. O governo italiano havia decidido, em 1939, ficar neutro, porque as forças armadas italianas estavam fracas demais para uma participação efetiva no conflito. Com a aparente vitória alemã em 1940, contudo, o governo fascista decidiu que havia chegado a hora de construir um grande Império no mar Mediterrâneo e

Leia sobre Churchill na Internet: www.vidaslusofonas.pt/ winston_churchill.htm. Em inglês, um site interessante é www.winstonchurchill.org

Depois de uma brilhante campanha, tropas alemãs tomam Paris em 1940. Após algumas semanas, os alemães conseguem dominar quase toda a França, e o governo francês, acuado, foge de Paris e se instala no sul do país.

Alemães preparam bombardeiro para a Batalha da Inglaterra. Em agosto de 1940, o governo alemão iniciou os ataques em massa contra a Inglaterra. Mas a aviação inglesa resiste, causando enormes perdas à aviação alemã.

ordenou o ataque às possessões coloniais inglesas e francesas. Infelizmente para os italianos, seu desempenho militar foi medíocre e o Exército italiano foi derrotado pelas tropas inglesas em todo o norte da África, tendo de ser socorrido pelos alemães a partir de 1941.

A guerra, nos seus primeiros anos, foi, assim, basicamente europeia. Apesar de a oposição entre a ideologia fascista do Eixo e os ideais democráticos dos Aliados representar um fator a ser considerado para explicar o conflito, é visível que o que mais separava Itália, Alemanha, Inglaterra e França era a disputa por poder e áreas de influência e domínio. Nesses anos, o Eixo esteve claramente em vantagem: o Império britânico combatia sozinho e, ainda que tivesse conseguido impedir a invasão alemã e derrotar os italianos na África, estava com seu território sendo bombardeado, enfrentando contínuas batalhas navais com os alemães e sem condições de sequer pensar em invadir o território dominado pelos nazistas. Esse quadro mudaria radicalmente com a invasão da União Soviética em 1941.

Reprodução de material de propaganda nazista. A expressão, em francês, "A conspiração judaica" e a criatura monstruosa (logo abaixo) remetem ao racismo nazista, que considerava o povo judeu uma raça inferior. Inglaterra e URSS (firmando sua aliança sob o olhar ameaçador da criatura monstruosa) e os judeus representam os três principais inimigos que a Alemanha nazista combatia.

A invasão da URSS

Para o Império alemão de antes da Primeira Guerra Mundial, a Europa Oriental e a Rússia eram territórios que deveriam fazer parte de um futuro espaço a ser dominado pela Alemanha. Os nazistas valorizavam ainda mais o domínio desse território, pois, segundo suas crenças, era ali que o povo alemão encontraria o *Lebensraum* (espaço vital) para sobreviver. Além disso, os nazistas consideravam os comunistas, ao lado dos judeus, seus inimigos mais perigosos, e era justamente naquela região que se localizava o único Estado comunista do mundo, a União Soviética. Destruir a União Soviética era, pois, algo fundamental não só para dominar o local onde deveria surgir o Império nazista, como também para esmagar a grande ideologia inimiga. Isso nos ajuda a compreender, portanto, por que a Alemanha nazista tenha sido sempre tão obcecada pela União Soviética e invadido o país assim que teve oportunidade.

Nos anos anteriores à guerra, todavia, as relações soviético-alemãs foram razoavelmente amistosas, e, em 1939, os dois países chegaram a assinar um tratado de colaboração, que deu carta branca para Hitler atacar a Polônia e a Europa Ocidental sem se preocupar com sua fronteira oriental. Esse tratado, contudo, não duraria para sempre.

Para Stalin, líder da União Soviética entre meados de 1920 até 1953, o tratado tinha por objetivo conseguir territórios na Polônia e no Báltico e mais tempo para reforçar as forças militares nacionais e barganhar com os alemães e os aliados ocidentais a melhor oferta para entrar na guerra. Para Hitler, foi um mero expediente para conquistar a Europa Ocidental sem maiores problemas. Assim que tornou-se claro que a Europa Ocidental já estava sob controle, ele imediatamente ordenou o início dos preparativos para invadir a URSS.

A invasão foi precedida da conquista da península balcânica pelas tropas alemãs, garantindo o controle quase completo do continente europeu e a segurança do flanco sul. Em 22 de junho de 1941, finalmente, os exércitos alemães cruzaram a fronteira russo-polonesa.

A guerra entre alemães e soviéticos foi muito diferente daquela ocorrida no ocidente europeu. Em primeiro lugar, porque os alemães não conseguiram derrotar a URSS da maneira como haviam feito com todos os outros países europeus. A tática da *Blitzkrieg* e a capacidade militar alemã causaram grandes perdas ao Exército Vermelho (na casa dos milhões de soldados), e áreas imensas caíram sob controle nazista. No entanto, o enorme território da URSS, o clima inóspito, os imensos recursos econômicos e militares soviéticos e a contínua resistência impediram os militares alemães de ocupar rapidamente o país, prolongando uma guerra que deveria, no pensamento dos planejadores nazistas, ter sido curta.

O próprio caráter da guerra foi diferente na assim chamada "frente oriental". No ocidente europeu, a disputa era basicamente por poder e áreas de influência. O mesmo ocorria na frente oriental, mas existia também o conflito entre duas maneiras de ver o mundo (nazismo e comunismo), que, apesar de terem pontos em comum, se odiavam mutuamente. Do mesmo modo, enquanto os povos da Europa Ocidental eram vistos pelos nazistas como "raças aceitáveis", os povos eslavos do Oriente, dentro do mundo das ideias nazistas, eram considerados subumanos a serem tratados com selvageria e desprezo. Não é à toa, assim, que a guerra na Europa oriental tenha sido muito mais violenta, brutal e sanguinária.

Fonte: N. Piletti e C. Piletti. *História e vida*. v. 4. São Paulo, Ática, 1997.

Nazifascismo e comunismo

Os fascistas que tomaram o poder na Itália e na Alemanha e o regime comunista que assumiu o controle da Rússia em 1917, criando a União Soviética, possuíam alguns pontos em comum. Ambos pensavam na superação da democracia em favor de um regime ditatorial, centrado num partido único e num líder carismático, como Stalin ou Hitler. Também se utilizaram de sistemas de propaganda, de mobilização das pessoas e de repressão muito semelhantes em alguns aspectos e compartilhavam o desejo de construir um mundo novo a partir das ruínas do velho.

As semelhanças, contudo, terminam aqui. O regime comunista realmente eliminou o capitalismo do seu território e defendia, ao menos em teoria, a igualdade dos homens, e os enormes massacres por ele realizados não tinham conotações raciais. Já o nazismo entrou em acordo com os grandes capitalistas, apresentava a desigualdade dos homens como valor a ser defendido e realizou grandes matanças em nome da ideia racial.

De qualquer forma, o importante é observar que, entre semelhanças e diferenças, os dois sistemas se viam como rivais absolutos na criação do mundo do futuro, o que explica o grau de brutalidade atingido pela guerra na frente oriental.

A participação da União Soviética no conflito mudou todo o panorama da guerra. Ainda em 1941, outro fato completou essa mudança: os Estados Unidos deixaram a sua neutralidade e também entraram na guerra, para o que contribuíram os seus interesses no Oceano Pacífico e o problema do Japão, a ser visto em seguida.

A guerra do Pacífico

O Estado japonês dos anos 1930, sob o domínio de um grupo de militares e políticos que proclamavam a superioridade do povo japonês e a necessidade de expansionismo, tinha uma ambição muito clara: conquistar a China e as antigas possessões dos europeus no Oriente, que fariam do Japão a grande potência dessa área do planeta.

Já nos anos anteriores à guerra, o governo japonês iniciou uma longa e custosa guerra para a conquista da China, que ainda estava em curso quando teve início

Fonte: M. Schmidt, *Nova História Crítica*. São Paulo, Geração Editorial, 1998.

o conflito na Europa. Com a derrota da França e da Holanda para os alemães, a atenção do governo japonês se voltou para as suas respectivas possessões na Indochina e na Indonésia, as quais poderiam ser conquistadas sem dificuldade. Profundamente envolvidas nos confrontos na Europa, as forças militares britânicas também não seriam um obstáculo. Restava um único empecilho no caminho dos militares japoneses: os Estados Unidos e sua frota, distribuída em boa parte do Oceano Pacífico.

Para o governo dos Estados Unidos, as pretensões japonesas em conquistar boa parte daquela região eram inaceitáveis, pois existiam sólidos interesses econômicos e estratégicos norte-americanos na área, desde o século XIX. Como os objetivos de expansão japonesa se concentravam todos naquela área, não é difícil entender por que Japão e Estados Unidos estavam em plena rota de colisão no decorrer da década de 1930. No início da década de 1940, as negociações entre os dois governos para resolver as disputas chegaram a um impasse.

Diante disso, os militares japoneses conceberam um audacioso plano para derrotar os Estados Unidos. Inicialmente, bombardeariam de surpresa a grande base da frota norte-americana em Pearl Harbour (Havaí), destruindo-a por completo. Posto isso, aproveitariam esse momento para dominar as possessões coloniais francesas, holandesas e britânicas (como a Birmânia) e as próprias norte-americanas (Filipinas). Com os enormes recursos dessas regiões, o Japão se fortaleceria o suficiente para resistir aos esperados contra-ataques norte-americanos, forçando-os a aceitar o ocorrido.

Obviamente, o governo japonês sabia que não teria condições de invadir o território norte-americano e impor as condições de paz. Mas a aposta parecia razoável. Pearl Harbour foi arrasada em 7 de dezembro de 1941, e os soldados japoneses rapidamente ocuparam um extenso território no Oriente. Mais uma vez, portanto, a clássica disputa de poder e riqueza levou à guerra. O desprezo japonês pelo modo de vida norte-americano e o racismo destes pelos orientais, apesar de intensos e importantes, não explicam, realmente, o conflito.

No entanto, os Estados Unidos não só se recusaram a negociar com o Japão, como começaram imediatamente a agrupar forças para combater o Império japonês. Mais do que isso: o ataque à Pearl Harbour permitiu ao governo norte-americano levar o país à guerra e ordenar a mobilização de todos os recursos nacionais para ela.

Isso merece um pouco mais de discussão. Para o governo Roosevelt, nos Estados Unidos, estava cada vez mais claro, a partir dos anos 1930, que a Alemanha era a grande ameaça à independência e ao estilo de vida norte-americanos. O Japão era uma ameaça menor e localizada. Essa conclusão vinha de um

Em dezembro de 1941, o ataque japonês contra a base norte-americana, Pearl Harbour, Havaí, marcou a entrada dos Estados Unidos na guerra.

> **Franklin Roosevelt**
>
> Presidente dos Estados Unidos entre 1933 e 1945, Franklin Delano Roosevelt (1882-1945) liderou um programa para tentar reverter a crise econômica por meio da intervenção do Estado na economia, o chamado *New Deal*. Também defendeu uma maior atuação norte-americana nos assuntos mundiais em fins da década de 1930 e conduziu os Estados Unidos durante quase todo o período da guerra.

raciocínio simples: o Japão, mesmo dominando toda a Ásia oriental, não conseguiria reunir recursos militares para ameaçar o território norte-americano. Já a Alemanha, país muito mais avançado do que o Japão em tecnologia e em termos econômicos naquele momento, poderia transformar seu domínio na Europa na base para um poder global capaz de desafiar e ameaçar os Estados Unidos. A Alemanha era, assim, potencialmente muito mais ameaçadora. Com o início da guerra na Europa, isso se tornou ainda mais evidente, e o governo de Roosevelt fez o que pôde para ajudar a Inglaterra a se defender. O povo norte-americano, contudo, resistia à ideia de entrar no conflito. O ataque a Pearl Harbour, e a decisão de Hitler de se solidarizar com o Japão declarando guerra aos Estados Unidos, mudou esse quadro. O Eixo tinha agora de se defrontar com os enormes recursos dos Estados Unidos.

A partir desse momento, a guerra mudou totalmente de rumo. O que era antes uma guerra europeia se espalhou por todos os continentes. De combates localizados entre alemães, italianos e ingleses na África e no Mediterrâneo, passamos a batalhas de milhões de homens, entre soviéticos e alemães na Rússia, a intensas batalhas aeronavais no Pacífico e a choques em todos os continentes. Os contendores também mudaram. O que antes de 1941 era uma luta entre países europeus, como a Alemanha e a Inglaterra, passou a ser um conflito entre potências europeias e extraeuropeias (como os Estados Unidos e a União Soviética). A partir desse ano, a Segunda Guerra Mundial se transformou em algo muito maior e muito mais destruidor.

3. A Segunda Grande Guerra: a vitória aliada

Os ocidentais e o Mediterrâneo

Como visto, desde 1940 o norte da África era campo de batalha entre ingleses e italianos. Com as contínuas derrotas desses últimos, tropas alemãs foram enviadas para tentar resolver a questão. Era o famoso *Afrika Korps*, comandado por um dos mais brilhantes generais alemães, Erwin Rommel. Entre 1941 e 1942, as tropas do Eixo e os exércitos britânicos combateram pela posse da Líbia e do Egito, com resultados indefinidos. Em 1943, finalmente, o Exército britânico conseguiu derrotar italianos e alemães, e tropas norte-americanas, em sua primeira ação na guerra, desembarcaram na Argélia e no Marrocos. Em junho de 1943, o norte da África foi liberado pelos Aliados. Um mês depois, ingleses e norte-americanos iniciaram a invasão da Itália.

Com o desembarque do Exército aliado, o governo fascista, já bastante impopular devido às derrotas e aos flagelos trazidos à Itália desde 1940, caiu e todo o sul do país se rendeu aos anglo-americanos. Contudo, tropas alemãs libertaram Mussolini da prisão onde ele tinha sido confinado e ocuparam o centro e o norte da península itálica. A Itália, que havia começado a guerra como uma das potências beligerantes, era agora campo de batalha e território ocupado pelos dois lados.

Entre 1943 e 1945, o Exército aliado foi subindo lentamente a península em direção ao norte. Ao contrário do que se esperava, a ocupação da Itália foi longa e custosa. Em boa parte, porque o território

Fonte: N. Piletti e C. Piletti. *História e vida*. v. 4. São Paulo, Ática, 1997.

italiano é montanhoso, e a luta nesses locais normalmente favorece quem a ocupa primeiro (caso dos alemães). Mas, principalmente, porque, depois de 1943, a Itália não era uma prioridade dos Aliados (e também não dos alemães), que concentraram ali as forças menos preparadas de que dispunham e não forneceram aos generais os recursos necessários para uma rápida expulsão dos exércitos nazistas, o que merece um pouco mais de explicação.

21

Apesar da rendição incondicional da Itália em setembro de 1943, a maior parte do país continuava em poder dos alemães, que resistiram fortemente aos Aliados. A libertação da Itália viria a acontecer em 1944, quando as tropas aliadas entraram em Roma.

Na verdade, a perda de importância do Mediterrâneo no decorrer da guerra pode nos dizer muito sobre o crescente desequilíbrio entre os Aliados ocidentais a partir da entrada dos Estados Unidos no conflito. Entre 1940 e 1943, a Inglaterra era a responsável pela maior parte dos soldados e equipamentos aliados engajados em combate e dava preferência ao cenário mediterrâneo, onde ela podia combater principalmente o membro mais fraco do Eixo, a Itália (o que lhe dava maiores possibilidades de sucesso), protegia uma das vias centrais de comunicação de seu Império e acumulava prestígio para ambicionar influência sobre os países europeus mediterrâneos no pós-guerra. A Inglaterra, assim, seguia uma política de reconhecimento dos seus limites e de uso calculado dos recursos em busca de seus interesses imperiais futuros.

Após 1943, com a chegada de milhões de soldados norte-americanos na Europa, os ingleses ficaram minoritários dentro das forças aliadas e tiveram de aceitar as decisões dos militares norte-americanos. Estes, conscientes de que tinham poder suficiente para enfrentar diretamente a Alemanha e desinteressados em aventuras na bacia do Mediterrâneo para preservar o Império britânico, decidiram dar, ao fronte italiano, apenas o número mínimo de tropas para manter a luta. A prioridade passou a ser concentrar o máximo possível de soldados e equipamento militar norte-americano no próprio território britânico, à espera do momento certo para um devastador ataque à França e à própria Alemanha, que destruiria o poder alemão de uma vez. Com isso, a partir de 1943-1944, o Eixo da guerra passou do Mediterrâneo para o norte da Europa.

A frente ocidental

Entre 1942 e 1944, milhões de soldados norte-americanos e incalculável quantidade de material bélico fluíram dos Estados Unidos para o território britânico. Para se ter uma ideia, entre 1942 e 1944, cerca de 5 mil soldados norte-americanos desembarcavam por dia nos portos ingleses — uma piada da época dizia que a única coisa que impedia a Inglaterra de afundar no oceano devido ao peso dos soldados norte-americanos eram os balões antiaéreos. Ao mesmo tempo, homens e equipamentos vindos de todo o Império britânico também faziam o mesmo caminho, permitindo a formação de uma imensa força militar na fronteira da Europa nazista. Para tanto, foi fundamental a vitória dos Aliados na "Batalha do Atlântico", ou seja, a derrota dos submarinos alemães que procuravam cortar as vias de comunicação oceânicas que ligavam a Europa à América.

Nesse período, além disso, as forças aéreas aliadas conseguiram domínio sobre o território ocupado pelos nazistas na Europa e sobre a própria Alemanha. Grandes frotas de bombardeiros aliados atacavam as cidades alemãs, procurando destruir a infraestrutura econômica e militar (fábricas de armamentos, ferrovias, centros de comando militar, quartéis) e as próprias cidades do país. Os resultados dessa campanha não foram muito animadores no geral (pois a produção militar alemã não foi interrompida por eles), mas ela afetou áreas-chave da economia alemã (como as refinarias de petróleo e as fábricas de rolamentos), deixou uma infinidade de mortos dentro da Alemanha e pressionou fortemente os recursos militares alemães.

A vitória aérea e naval não conseguiria, contudo, libertar a Europa do domínio nazista. Era preciso uma invasão por terra e ela se deu. Sob o comando do general Dwight Eisenhower e apoio aéreo e naval maciço, centenas de milhares de soldados aliados assaltaram as praias da região da Normandia, na França, em 6 de junho de 1944. As forças armadas alemãs ofereceram forte resistência, mas não conseguiram impedir que os Aliados desembarcassem e trouxessem cada vez mais reforços. Como resultado, em poucos meses, ingleses e norte-americanos libertaram a França e se posicionaram nas fronteiras da Alemanha.

A vitória dos aliados ocidentais sobre os alemães se deu, em boa medida, pela enorme superioridade material dos primeiros — os alemães eram sempre superados pelo maior número de soldados, tanques e aviões dos Aliados. Contaram muito também, contudo, as prioridades alemãs. Para o Alto Comando alemão, a frente ocidental era importante, mas secundária. Era a frente oriental a grande preocupação dos militares alemães e lá se decidiu a sorte da Alemanha nazista.

Uma outra imagem do desembarque Aliado na Normandia. Em 6 de junho de 1944, no chamado *Dia D*, iniciava a ofensiva final dos Aliados. Para a Alemanha nazista, era o princípio do fim.

A frente oriental

Depois dos grandes avanços de 1941, que deram aos nazistas o controle dos países bálticos, da Ucrânia, da Bielo-rússia e de partes da própria Rússia, os nazistas perderam sua capacidade ofensiva e foram contidos pelos soviéticos às portas de Moscou.

No ano seguinte, 1942, as prioridades alemãs se inverteram: o Alto Comando alemão determinou a conquista do Cáucaso (e seu precioso petróleo) e da cidade de Stalingrado. Inicialmente, os planos nazistas foram bem-sucedidos e parte substancial do Cáucaso caiu sob seu controle. Do mesmo modo, teve início uma batalha de homem a homem, casa a casa, quarteirão a quarteirão pela cidade de Stalingrado, que foi quase que totalmente ocupada em fins de 1942.

Em 19 de novembro de 1942, no entanto, os soviéticos começaram a reverter a situação, lançando uma enorme contra-ofensiva que prendeu os soldados alemães em um bolsão dentro da própria cidade. Sem recursos para romper o cerco soviético e sem conseguir se abastecer pelo ar, os soldados alemães prisioneiros em Stalingrado se renderam em 25 de janeiro de 1943. Mais de 200 mil soldados alemães foram mortos ou aprisionados.

A batalha em Stalingrado não foi decisiva, pois a máquina militar nazista ainda estava longe de ser derrotada, e as enormes perdas em homens e material puderam ser substituídas. No entanto, representou uma enorme vitória psicológica para os soviéticos e um momento de virada na guerra na frente oriental. A partir daí, os alemães nada mais fizeram do que recuar em direção às fronteiras da Alemanha, abandonando os territórios que haviam ocupado em 1941.

Em julho de 1943, por exemplo, os exércitos soviéticos derrotaram os alemães na Batalha de Kursk, conhecida como a "maior batalha de tanques de todos os tempos", e começaram a perseguir os alemães no interior da Ucrânia. Nos meses seguintes, o Exército Vermelho continuou empurrando os alemães para a antiga fronteira russo-polonesa.

Em junho de 1944 começou outra grande ofensiva soviética, a qual só terminou com a libertação final do território soviético (salvo bolsões isolados) e a ocupação da Romênia, da Bulgária e da Hungria. No início de 1945, o Exército Vermelho estava pronto para o ataque final ao território alemão.

Essa descrição das vitórias soviéticas não significa, contudo, que, nos três anos depois de Stalingrado, os alemães tenham entrado em colapso ou que a reconquista do território soviético tenha sido tranquila. Na frente oriental, batalhas de

A batalha de Stalingrado foi uma das maiores e mais sangrentas da história. A vitória soviética em 1943, quando o Exército nazista foi obrigado a se render, pôs fim ao mito da invencibilidade alemã.

milhões de homens de cada lado não eram incomuns, e os combates consumiam armas, munição e vidas em escala incomparável com a frente ocidental. Além disso, os nazistas agiam com especial brutalidade contra a população civil — a União Soviética foi o país que mais perdeu população durante a Segunda Guerra Mundial. Quase 3/4 das baixas alemãs durante a guerra aconteceram na frente oriental. Foi ali que o sonho nazista de conquistar o mundo foi reduzido a pó.

A invasão da Alemanha

A situação do Estado nazista em fins de 1944, início de 1945, era a pior possível. Não apenas suas cidades estavam sendo arrasadas pelo ar e seus submarinos eliminados dos oceanos, como o território sob seu controle diminuía rapidamente de tamanho. Tropas inglesas e norte-americanas expulsavam os alemães da Itália e, na frente ocidental, já se aproximavam das fronteiras da Alemanha. Mais preocupante que isso, contudo, era a situação na frente oriental, com os exércitos soviéticos firmemente estacionados no meio da Polônia e em posição para avançar para o leste da Alemanha e para a sua própria capital, Berlim.

Os aliados ocidentais começaram sua marcha para o interior da Alemanha em fins de 1944. Operações com paraquedistas permitiram a libertação da

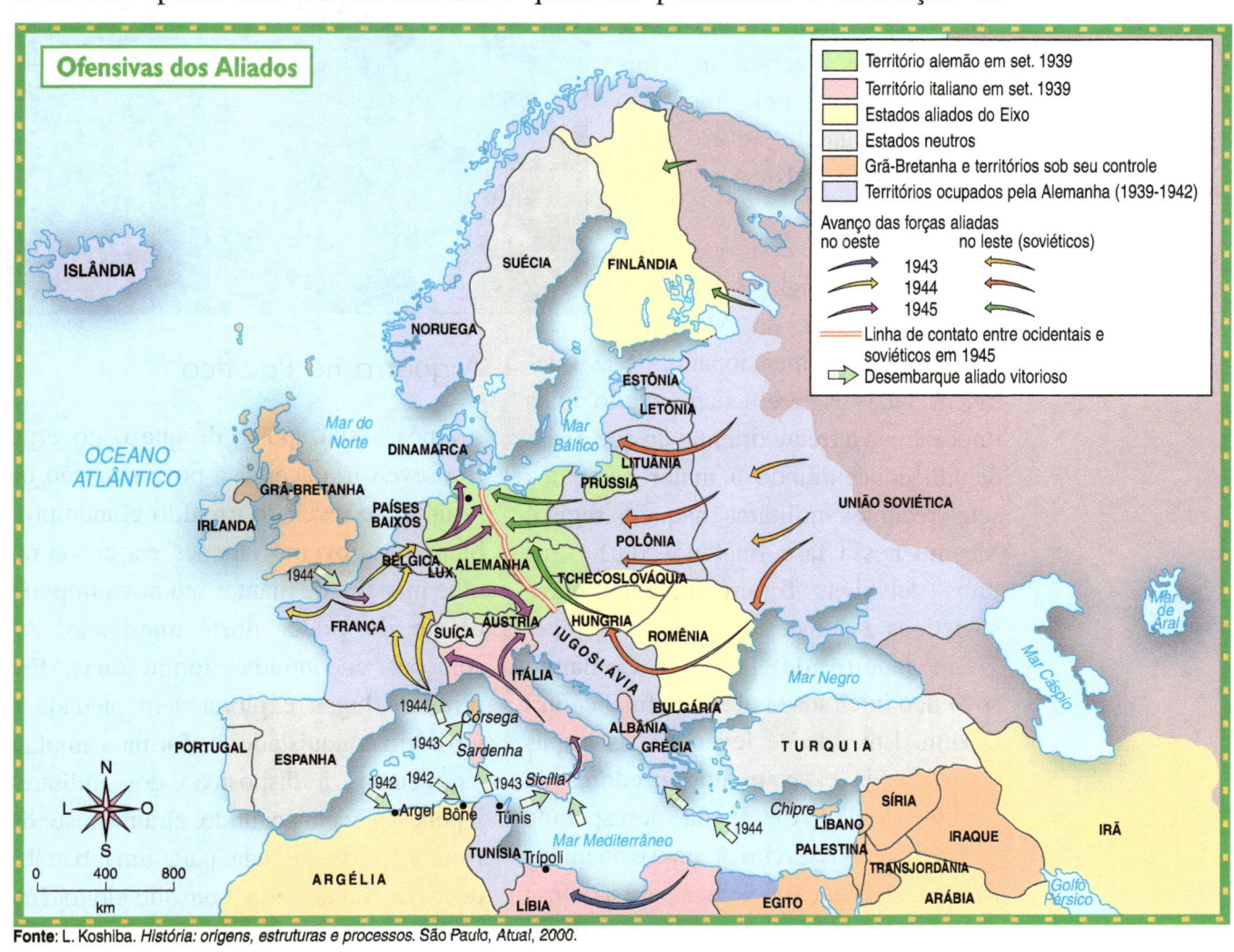

Fonte: L. Koshiba. História: origens, estruturas e processos. São Paulo, Atual, 2000.

Fim da guerra na Europa. Soldado do Exército Vermelho hasteia a bandeira soviética nas ruínas de Berlim. Em 30 de abril de 1945, Hitler, completamente derrotado, suicidou-se com sua mulher, Eva Braun. Uma semana depois, em 7 de maio, a Alemanha se rende incondicionalmente.

Holanda e da Bélgica, mas custaram milhares de mortos aos Aliados, revelando como o Exército alemão estava enfraquecido, mas ainda não derrotado. Isso foi confirmado no Natal de 1944, quando, por ordens de Hitler (desejoso de ganhar tempo para explorar uma possível ruptura entre os ocidentais e Stalin), as Forças Armadas alemãs lançaram um forte contra-ataque na região das Ardenas. Usando seu poder aéreo e o maior número de soldados e equipamento militar de que dispunham, os Aliados puderam anular o ataque alemão. Nesse ataque, os alemães gastaram suas últimas reservas de poder militar no Ocidente. A partir daí, e superada a barreira do rio Reno, os ocidentais fizeram um verdadeiro passeio pelo território alemão, chegando ao rio Elba (a 125 km de Berlim) no início de abril.

Essa facilidade com que norte-americanos e ingleses conquistaram boa parte da Alemanha veio do fato, já mencionado, de as lideranças nazistas terem dado muito mais importância à frente oriental do que à ocidental, concentrando a maior parte dos seus recursos militares naquela região. Mesmo nessa fase final do conflito, as lutas decisivas foram travadas entre soviéticos e alemães.

Em janeiro de 1945, o Comando soviético iniciou sua ofensiva final contra Berlim. Em fins de fevereiro, as tropas soviéticas já estavam nos arredores da capital alemã. Apesar da desesperada resistência do Exército alemão e da mobilização de crianças e velhos para a defesa da capital, a cidade não pôde resistir ao poder do Exército Vermelho. Em 25 de abril, soldados soviéticos e norte-americanos se encontraram em Torgau, completando a divisão do território alemão em dois. Hitler se suicidou em 30 de abril, e a Alemanha se rendeu incondicionalmente uma semana depois. A guerra na Europa estava terminada.

A guerra no Pacífico

Após a sua aposta de que o governo Roosevelt iria aceitar a nova situação na Ásia ter se revelado irreal, o grande problema do governo japonês era encontrar uma maneira de manter seu novo Império diante do poder norte-americano. As soluções encontradas foram duas. Em primeiro lugar, explorar sem piedade o território conquistado, de forma a ampliar os recursos à disposição dos militares japoneses e, em segundo, atrair o resto da frota norte-americana para uma batalha decisiva, onde seria consolidado o Império japonês no Oriente.

Para azar dos planejadores japoneses, o poder naval norte-americano ainda era substancial e a frota de porta-aviões japonesa foi derrotada na batalha de Midway, em junho de 1942. Uma grande vitória norte-americana, que se constituiu num ponto decisivo na guerra do Pacífico.

Não totalmente detidos por esse revés, os japoneses continuaram seu avanço, atacando a base norte-americana em Guadalcanal e a Papua Nova Guiné. Nenhuma das duas ofensivas se desenvolveu bem para o Japão, e já em 1943 os Estados Unidos iniciaram o lento processo de empurrar os japoneses de volta pelo Pacífico.

A técnica norte-americana para essa campanha foi extremamente bem montada. Em vez de atacar os novos domínios japoneses ou o próprio território do Japão diretamente, os militares norte-americanos optaram pelo uso maciço do seu poder naval e dos fuzileiros navais para a conquista das inúmeras ilhas que pontilhavam as linhas de comunicação entre esses dois pontos. Como resultado, bases navais e aéreas norte-americanas foram sendo instaladas no coração do espaço inimigo, permitindo o crescente bombardeio do território japonês, o corte das comunicações e dos transportes dentro do Império e obrigando, por fim, as forças navais e aéreas japonesas a reagir, atraindo-as para a destruição.

Isso aconteceu nas ilhas Salomão e nas Gilbert em 1943, nas Marshall, nas

Os fuzileiros navais norte-americanos (marines)

Corpo de elite das Forças Armadas dos Estados Unidos. Sua função básica é a ocupação de territórios a partir do mar, permitindo o desembarque posterior do Exército. Por isso foi muito utilizado na guerra do Pacífico, mas não na Europa. Também muito usado nas intervenções norte-americanas na América Latina.

Fonte: M. Kitchen. *Um mundo em chamas*. Rio de Janeiro, Jorge Zahar Ed., 1993.

Marianas e no arquipélago das Carolinas em 1944, deixando registrados na história nomes como Guam e Tarawa, cenários de sangrentas batalhas entre norte-americanos e japoneses. Ainda em 1944, as Filipinas foram invadidas pelas tropas do general Douglas MacArthur, e o Império japonês foi praticamente dividido ao meio. Numa desesperada tentativa de repelir a invasão, a Marinha japonesa utilizou tudo o que lhe restava numa ofensiva final contra os norte-americanos, incluindo o uso dos aviadores suicidas, os *kamikaze*. No curso da batalha, a Marinha imperial foi efetivamente destruída e não pôde mais guardar os acessos marítimos ao território japonês.

Kamikaze

Os *kamikaze* eram pilotos que tripulavam aviões carregados de bombas e explosivos, com os quais procuravam atingir os navios norte-americanos. Tática desesperada, de um país que lentamente percebeu que não conseguiria vencer o poder norte-americano, e só possível em uma sociedade que cultivava o espírito de sacrifício e a lealdade ao Imperador. Tanto que os *kamikaze* eram sempre voluntários, dispostos a morrer pelo Imperador e pelo Japão. Afundaram muitos navios norte-americanos, mas não conseguiram mudar a sorte da guerra.

Abrindo caminho nessa direção, os fuzileiros norte-americanos desembarcaram nas ilhas de Iwo Jima e Okinawa em abril e junho de 1945. Com a ocupação dessas ilhas, suas bases aéreas e navais estavam agora quase no interior do território metropolitano japonês, mas o preço da vitória foi cruento. Apenas em Okinawa, os fuzileiros norte-americanos precisaram de cinco semanas para eliminar a resistência de 20 mil soldados japoneses entrincheirados. Apenas 216 foram capturados vivos.

Em 1945, o Japão já estava virtualmente derrotado. Sua Marinha e sua Força Aérea praticamente não existiam mais, sua população vivia faminta em cidades destruídas por bombardeios aéreos, e as forças norte-americanas se aproximavam cada vez mais das próprias ilhas metropolitanas. Para completar o quadro desastroso, a rendição da Alemanha deixou o Japão sozinho para enfrentar todo o poder Aliado e, em agosto, a União Soviética, até então neutra, declarou-lhe guerra. A rendição era a única opção disponível, mas o governo japonês resistia em aceitá-la, apesar dos sinais claros de que não havia alternativa.

O governo dos Estados Unidos queria evitar uma invasão do território japonês, pois esta, com certeza, resultaria na morte de milhares de norte-americanos. A solução encontrada foi pressionar ainda mais o Japão pela rendição incondicional. Para isso, foi utilizada uma arma recém-descoberta nos Estados Unidos: a bomba atômica. Duas delas foram lançadas contra o Japão, nas cidades de Hiroshima e Nagasaki, em agosto de 1945, matando 120 mil pessoas instantaneamente e muitas mais depois. O efeito foi devastador: o governo japonês aceitou os termos dos Aliados e se rendeu em 2 de setembro de 1945. A guerra chegava ao fim.

O bombardeio nuclear

Até hoje se debate se os Estados Unidos lançaram as bombas atômicas por necessidade militar, ou seja, para forçar o Japão a se render e evitar o que poderia ser uma custosa invasão por mar, ou por interesse em pressionar e impressionar os soviéticos com a nova arma. Não há dúvidas de que os militares norte-americanos tinham todo o interesse em conseguir a rendição japonesa com o menor número possível de baixas, mas é evidente que o uso da arma atômica também serviu como alerta aos soviéticos sobre os riscos em desafiar o seu poder. Hiroshima e Nagasaki, assim, foram os tiros finais da Segunda Guerra e os primeiros disparos da Guerra Fria.

A bomba atômica despejada sobre Nagasaki, em agosto de 1945, encerra a guerra.

Três guerras em uma

Pudemos perceber, no contexto do que chamamos de "Segunda Guerra Mundial", que houve várias guerras interconectadas entre si. A Guerra do Pacífico, por exemplo, foi basicamente um confronto aéreo e naval entre japoneses e norte-americanos, com os britânicos tendo papel subsidiário e os soviéticos se mantendo à parte. Já a luta na frente oriental foi centrada quase que exclusivamente na guerra de tanques, aviões e artilharia, e travada entre soviéticos e alemães, com norte-americanos e ingleses se limitando a enviar algum apoio material (jipes, tanques, alimentos, aviões, aço) ao Exército Vermelho, especialmente nos anos críticos de 1941 e 1942. Na Europa Ocidental, por sua vez, os alemães e italianos combateram basicamente os anglo-saxões.

Tanto os Aliados como o Eixo mantiveram relativamente pouca coordenação. A Alemanha apoiou o Japão, por exemplo, em seus esforços e vice-versa, mas, na realidade, tanto um quanto outro foram independentes para implantar as políticas que consideravam adequadas, e os alemães não conseguiram sequer desviar o expansionismo do Japão em direção à União Soviética, o que teria aliviado sua frente oriental. A coordenação entre alemães e italianos entre 1940 e 1943 foi um pouco maior nas guerras na África, mas não perfeita.

Os aliados ocidentais tiveram uma coordenação muito mais significativa, com ingleses e norte-americanos discutindo e debatendo continuamente como aplicar seus recursos durante o conflito. Isso não impediu, contudo, vários atritos entre eles, e os ingleses habitualmente não influenciavam muito nas decisões referentes ao Pacífico, onde suas forças militares eram desprezíveis. Já entre os aliados ocidentais e os soviéticos, houve alguns acordos e coordenação de ataques para acelerar a derrota alemã, mas não algum tipo de comando conjunto. Cada uma das principais potências lutava a sua guerra particular, com suas especificidades e perspectivas.

Isso também é evidente quando analisamos os interesses que levaram cada país ao conflito e o tipo de guerra que eles lutaram. Como visto anteriormente, de fato, o combate de ingleses e norte-americanos contra os nazistas, por exemplo, tinha um lado de oposição ideológica, mas muito mais de disputa de poder. O conflito dos Estados Unidos com o Japão, por sua vez, foi quase que exclusivamente centrado nessa disputa. Já a guerra de extermínio entre nazistas e soviéticos tinha um caráter de concorrência ideológica, que muito explica a ferocidade da guerra na frente oriental.

Roosevelt, Churchill e Stalin na Conferência de Yalta, em fevereiro de 1945, reuniram-se para discutir as últimas operações contra o inimigo comum. Em termos políticos, a principal consequência da guerra foi o fim da superioridade da Europa ocidental no mundo. Estados Unidos e União Soviética surgiram como as duas únicas grandes potências.

Várias guerras em uma, portanto, mas tendo como resultante final o conflito que marcou o século XX e determinou o mundo em que vivemos. Se o Eixo tivesse vencido a guerra, estaríamos vivendo num mundo muito diverso do que o de hoje. Torna-se fundamental explicar, assim, por que os Aliados conseguiram a vitória e por que o Eixo foi derrotado. É o tema do próximo capítulo.

4. A explicação da vitória aliada

A guerra e a História

O que decidem as guerras? O que leva alguns países à vitória e outros à derrota? O que explica que existam sempre vencedores e perdedores em todos os conflitos? Há algum elemento ou elementos que marcariam, sempre, a diferença entre a derrota e a vitória no campo de batalha?

Com certeza, há fatores que sempre são fundamentais para a vitória ou a derrota na guerra, como o maior ou menor número de soldados ou o brilhantismo dos generais. No entanto, na História, o conflito armado nunca seguiu sempre as mesmas regras, e, em cada período histórico, elementos diversos determinaram os Exércitos e os Estados que triunfaram e aqueles que foram derrotados.

No auge da Roma Imperial, por exemplo, os militares romanos não tinham superioridade numérica ou tecnológica (com exceção das máquinas de arremesso, como catapultas, e de outras construídas para destruir muros e fortificações) sobre seus adversários bárbaros, mas venciam sistematicamente as batalhas por meio do treinamento, da disciplina e da logística (sistemas de transporte e de abastecimento das tropas) superiores. Já na formação dos grandes Impérios coloniais europeus no século XIX, a superioridade da tecnologia militar foi determinante para derrotar as resistências de africanos e asiáticos. De fato, diante do poder de fogo de metralhadoras e navios de aço, os navios de madeira e os escudos pouco podiam. A tecnologia foi fundamental para explicar quem venceu e quem perdeu nas longas guerras travadas naqueles anos. Esses poucos exemplos mostram, assim, como a arte da guerra muda permanentemente conforme os tempos históricos se sucedem.

No período da Idade Moderna, entre os séculos XVI e XVIII, as forças armadas europeias, que haviam absorvido e desenvolvido a tecnologia das armas de fogo, estavam ligeiramente à frente, em termos tecnológicos, dos seus rivais de fora da Europa. Entre os Estados europeus, contudo, não havia um diferencial tecnológico expressivo e as armas que equipavam espanhóis ou franceses nas guerras do século XVII não eram muito diferentes.

Nessa época, o que levava à vitória ou à derrota no confronto entre os Estados europeus era o fator financeiro. A produção de armas e a manutenção dos Exércitos consumiam enormes somas de dinheiro, e o vencedor normalmente era aquele que conseguia levantar mais recursos para manter suas forças em campo.

Com a Revolução Industrial do século XIX, os recursos financeiros continuaram importantes, mas as forças armadas foram lentamente ficando dependentes das novas fábricas que se espalhavam por boa parte do mundo. Essas novas indústrias produziam armamento cada vez mais desenvolvido tecnologicamente (navios movidos a vapor, metralhadoras, canhões etc.) e em larga escala, o que permitia criar Exércitos e Marinhas cada vez maiores e mais poderosos.

Essa nova situação gerou um grande desafio aos Estados e às forças armadas de boa parte do mundo. Realmente, se agora o que representava a diferença entre um Exército poderoso e um fraco, entre conquistar e ser conquistado, era uma capacidade industrial desenvolvida, conseguir essa capacidade tornou-se algo vital para todos os Estados. Não é à toa, assim, que muitos países (Rússia, Japão, Itália e outros) tenham se lançado, entre fins do século XIX e início do XX, num frenético esforço para converter suas economias e suas forças militares no novo padrão que ia lentamente se impondo, e que quase todas as guerras dos últimos 150 anos tenham sido vencidas pelos países superiores em termos industriais e científicos.

A conquista do mundo não industrial por europeus e norte-americanos no século XIX ou a vitória dos bem armados exércitos do Norte sobre os do Sul na Guerra Civil norte-americana são exemplos clássicos dessa nova situação. Nenhum outro poderia ser melhor, porém, do que a Primeira Guerra Mundial. Nesta, a derrota da Alemanha só ocorreu quando os recursos humanos e econômicos infinitamente maiores dos Aliados (franceses, ingleses e norte-americanos) foram mobilizados e convertidos em poder militar. Essa situação se manteve e até se ampliou no decorrer da Segunda Grande Guerra.

Guerra Civil norte-americana

Desde o início da colonização britânica nos Estados Unidos, dois tipos bem diversos de sociedade foram se formando. No Norte, pequenos agricultores e grupos de mercadores e, cada vez mais, de industriais. No Sul, grandes propriedades produtoras de algodão, fumo e outros produtos com o uso de mão de obra escrava. A convivência desses dois mundos em um mesmo país sempre foi difícil e, em 1860, chegou ao rompimento quando os Estados do Sul decidiram criar um país independente onde pudessem manter a escravidão. O Norte não aceitou que o país se dividisse e, como resultado, os Estados Unidos tiveram cinco anos de guerra civil.

Nessa guerra, os estados do Norte acabaram triunfando, pois dispunham de riquezas, população e poder industrial muito superiores aos dos Sul, o que permitiu a criação de exércitos muito maiores e mais bem armados. Ainda assim, 600 mil norte-americanos morreram, no maior conflito da história dos Estados Unidos.

A guerra no século XX

O desenvolvimento da tecnologia militar nos anos 1920 e 1930 do século XX tornaram as Forças Armadas das grandes potências ainda mais dependentes da capacidade produtiva dos seus países. Sem uma base industrial altamente desenvolvida e sem uma ampla comunidade científica capaz de ser mobilizada pelo Estado para acompanhar os novos avanços em armas, a vitória na guerra era quase impossível.

Nos anos entre as duas grandes guerras, a ciência e a tecnologia estavam transformando os sistemas de armamento de forma cada vez mais acelerada. Os aviões de caça se tornaram maiores, mais rápidos e mais bem armados do que nunca, assim como os bombardeiros. Os grandes encouraçados ficaram mais rápidos, tinham mais blindagem e melhor defesa antiaérea do que aqueles de uma geração antes. O mesmo ocorreu com os tanques, os canhões, os submarinos e vários outros armamentos, que também foram afetados pelas modificações nos equipamentos elétricos, de comunicações e outros.

Todo esse processo tornou a tecnologia um fator-chave para a eficiência de qualquer força militar. E também fez com que as armas se tornassem mais caras e mais difíceis de obter. Para acompanhar a corrida armamentista, antes e durante a guerra, um país tinha que dispor dos equipamentos e das matérias-primas necessários para construir os novos armamentos; fábricas e uma estrutura industrial adequada para sua produção na quantidade requerida; cientistas e técnicos para estudar os aperfeiçoamentos e as futuras inovações; soldados minimamente preparados para usá-los e, acima de tudo, uma

Aviões de caça norte-americanos em ação na Batalha de Midway, em junho de 1942. A ciência e tecnologia eram fator-chave para a eficiência de qualquer força militar durante a guerra.

economia suficientemente rica para custear tudo isso. Os louros da vitória passaram a depender cada vez mais da tecnologia, da ciência e da produção em massa. São esses os elementos-chave para entender a vitória aliada na Segunda Grande Guerra.

A Segunda Guerra e a batalha da produção

No início da guerra, a Alemanha tinha uma certa superioridade econômica e industrial perante seus dois principais competidores, a França e a Inglaterra. Essa superioridade, no entanto, não era esmagadora. Em termos militares, o rearmamento conduzido pelo regime nazista desde a tomada do poder em 1933 havia produzido uma força militar bastante expressiva, mas que, em termos numéricos, era ainda inferior ao conjunto franco-inglês. A superioridade dos exércitos alemães estava na doutrina operacional, na combinação tanques, aviões e velocidade. Foi essa combinação que deu a vitória aos Exércitos nazistas, em 1940.

Quando a Alemanha completou a conquista de quase toda a Europa em 1941, sua máquina militar pôde contar com os recursos de todo o continente para seu esforço de guerra. A partir de então, dificilmente o Reino Unido sozinho derrotaria a Alemanha.

A entrada dos Estados Unidos e da União Soviética mudou radicalmente as dimensões do conflito. Foi necessário um certo tempo para que eles conseguissem transformar milhões de civis em soldados e mobilizar toda a economia para a produção bélica. Quando isso ocorreu, as forças à disposição dos generais e almirantes aliados começaram a aumentar e alcançaram tal nível que os exércitos alemães e japoneses foram virtualmente afogados pela massa de homens e equipamentos mobilizados por soviéticos e norte-americanos.

Essa esmagadora superioridade humana e material é patente em todas as grandes batalhas na fase final do conflito. Em 1945, por exemplo, a superioridade do Exército Vermelho sobre o nazista era de cinco para um em blindados, sete para um em artilharia e 17 para um em aviões. Com as forças anglo-americanas em ação na França em 1944, a situação não era diferente, pois elas contavam com uma superioridade de vinte para um em tanques e de 25 para um em aviões, além de total domínio no mar. Graças à maior produção bélica dos Aliados, os exércitos de Hitler ficaram em inferioridade numérica e de equipamentos em todas as frentes a partir de 1942.

Nesse contexto, o espantoso não é a Alemanha ter sido derrotada, mas sua derrota ter levado tanto tempo. A essa questão, os historiadores militares dão uma resposta unânime: a experiência, o calibre e o treinamento dos militares alemães eram os melhores do mundo e sua habilidade em campo de batalha, muito mais eficiente. Apenas com a mobilização de três dos maiores impérios que o mundo já viu (o soviético, o norte-americano e o britânico) foi possível reunir a força necessária para derrotar esse colosso.

O mesmo ocorreu no Oriente. A partir de 1941, a superioridade dos norte-americanos sobre os japoneses em aviões, navios e submarinos cresceu a tal ponto que dificilmente seria possível, ao Japão, vencer o conflito. Realmente, nem mesmo os *kamikaze* ou a bravura dos marinheiros e aviadores japoneses podiam mudar o fato de as forças militares americanas terem se fortalecido muito mais que as japonesas com o decorrer do tempo.

As tabelas a seguir dão uma boa ideia da "batalha da produção" nesse período:

PIB mundial em 1937 e gasto percentual com a defesa		
	PIB (bilhões de dólares)	Percentual dedicado à defesa
Estados Unidos	68	1,5
Império britânico	22	5,7
França	10	9,1
Alemanha	17	23,5
Itália	6	14,5
União Soviética	19	26,4
Japão	4	28,2

Potencial bélico relativo das potências em 1937	
Estados Unidos	41,7%
Império britânico	10,2%
França	4,2%
Alemanha	14,4%
Itália	2,5%
União Soviética	14,0%
Japão	3,5%

Produção de armamentos das potências entre 1940 e 1943 (bilhões de dólares de 1944)			
	1940	1941	1943
Estados Unidos	(1,5)	4,5	37,5
Império britânico	3,5	6,5	11,1
União Soviética	(5,0)	8,5	13,9
Total de combatentes Aliados	3,5*	19,5	62,5
	**		
Alemanha	6,0	6,0	13,8
Japão	1,0	2,0	4,5
Itália	0,75	1,0	—
Total Eixo	6,75**	9,0	18,3

* Em 1940, somente o Império britânico estava envolvido no conflito.
** O Japão ainda não havia entrado na guerra.

Produção de tanques em 1944	
Alemanha	17.800
União Soviética	29.000
Império britânico	5.000
Estados Unidos	17.500 (em 1943: 29.500)

Produção de aviões das potências (1939-1945)								
	1939	1940	1941	1942	1943	1944	1945	total
Estados Unidos	5.856	12.804	26.277	47.836	85.898	96.318	49.761	324.750
União Soviética	10.382	10.565	15.735	25.436	34.900	40.300	20.900	158.218
Inglaterra	7.940	15.049	20.094	23.672	26.263	26.461	12.070	105.088
Império britânico	250	1.100	2.600	4.575	4.700	4.575	2.075	9.875
Total Aliados	24.178	39.518	64.706	101.519	151.761	167.654	84.806	597.931

Produção de aviões das potências (1939-1945)								
	1939	1940	1941	1942	1943	1944	1945	total
Alemanha	8.295	10.247	11.776	15.409	24.807	39.807	7.540	117.881
Japão	4.467	4.768	5.088	8.861	16.693	28.180	11.066	79.123
Itália	1.800	1.800	2.400	2.400	1.600	—	—	10.000
Total Eixo	14.562	16.815	19.264	26.670	43.100	67.987	18.606	207.004

Tabelas elaboradas com base nas informações extraídas do livro de Paul Kennedy, citado na bibliografia.

Uma pergunta inevitável a ser feita quando se verificam essas enormes diferenças na produção de armamentos entre os principais países envolvidos na guerra é sua causa. Evidentemente, a história econômica anterior desses países é uma das chaves para a questão. Não é possível entender, por exemplo, a rapidez com que soviéticos e norte-americanos conseguiram mobilizar enormes recursos para a guerra se não nos recordarmos da história de sucesso econômico dos Estados Unidos desde o século XIX ou do extenso processo de industrialização por que passou a União Soviética no governo de Stalin. Do mesmo modo, o desastroso desempenho militar dos italianos na guerra nos remete aos antigos problemas da Itália para se industrializar e se desenvolver desde o século XIX.

A industrialização soviética

Para os comunistas soviéticos que conquistaram o poder na Rússia em 1917, a única maneira de criar uma nação socialista e preservar a revolução de ameaças internas e externas era fazer o país se tornar, o mais rápido possível, uma potência industrial. Entre 1917 e meados dos anos 1920, contudo, essa ideia não foi implementada, pois havia tarefas mais importantes a concluir, como reconstruir um país arrasado pela guerra civil.

Durante o governo de Stalin (1924-1953), contudo, a proposta de industrializar o país a qualquer custo foi implantada a ferro e fogo. Para isso, o governo mobilizou todos os recursos do país numa verdadeira cruzada pela industrialização. As necessidades básicas dos trabalhadores foram esquecidas e todas as riquezas nacionais, lançadas nessa tarefa. Os resultados foram impressionantes e transformaram a União Soviética em uma potência industrial em poucos anos. Contudo, milhões de pessoas foram exploradas ao limite e muitas mais perderam a vida.

Outro ponto de fundamental importância é a própria concepção de produção industrial dos países envolvidos. A produção de armamentos norte-americana, por exemplo, enfatizava a rapidez, a simplicidade e a velocidade de produção. Isso permitia a fabricação, em larga escala, de tanques, aviões e outros armamentos relativamente pouco sofisticados, mas robustos e eficientes. Os soviéticos também foram mestres nesse tipo de produção em série e padronizada de armamentos.

Já os alemães tinham uma outra tradição industrial, de produtos de excelente qualidade e tecnicamente mais complexos. Os seus armamentos, assim, eram, de maneira geral, excelentes, mas muito custosos (em termos de tempo, dinheiro e matérias-primas) e complexos, o que dificultava a sua produção no ritmo seguido por soviéticos e norte-americanos. A partir de 1942, o ministro alemão dos armamentos, Albert Speer, implementou mudanças para reverter esse quadro, com resultados positivos. Ainda assim, a tradição industrial alemã continuou a impedir que as suas forças armadas recebessem todos os armamentos de que necessitavam.

Mesmo com esse ponto em mente, há outras questões a serem abordadas quando falamos de produção industrial e de armamentos, pois a fabricação de mercadorias não é algo separado de outras atividades da vida.

No caso da União Soviética, por exemplo, sem a coerção promovida pelo regime de Stalin sobre os trabalhadores e sem a intensa determinação da população soviética em não aceitar a escravidão nas mãos dos exércitos nazistas, teria sido pouco provável que a produção bélica pudesse ter sido tão intensa. Na própria Alemanha nazista, a disputa entre os vários grupos políticos pelo poder ajudou a sabotar a racionalização da produção, também dificultada pelos bombardeios aéreos aliados e pela falta de interesse dos militares alemães de ceder o controle da

Linha de montagem da Ford em Willlow Run, Michigan, onde os bombardeiros B-24 eram produzidos em série.

produção militar, tradicionalmente sob seu controle em tempos de guerra, para administradores civis, que poderiam ter sido mais eficientes na sua gestão. Assim, erros ou problemas vindos da política ou da vida social também podiam afetar, e afetaram, a produção militar.

Obviamente, a simples quantidade de armamentos não significa superioridade no campo de batalha. A qualidade era importante e novamente os Aliados foram superiores em alguns aspectos essenciais, como a tecnologia de radar, o sonar, as bombas de profundidade e outros armamentos, sem falar do Projeto Manhattan e do desenvolvimento da bomba atômica.

O sucesso dos japoneses nesse esforço de produzir armas de qualidade superior foi muito menor e o dos italianos, quase inexistente. O desempenho alemão foi muito melhor. Com uma tradição e uma estrutura consolidada de pesquisa científica, a Alemanha nazista tomou a dianteira em vários campos-chave da tecnologia dos armamentos. Vários de seus tanques, como os *Tigre* e os *Pantera*,

O Projeto Manhattan

Desde os anos 1920 se discutia a possibilidade de conseguir a fissão nuclear e utilizar isso como arma de guerra. Físicos alemães e ingleses tentaram desenvolver tal arma durante a guerra, mas quem realmente conseguiu resultados palpáveis foram os norte-americanos. Utilizando grandes recursos e reunindo algumas das maiores mentes do século (incluindo muitos cientistas europeus fugitivos do nazismo), o "Projeto Manhattan" conseguiu desenvolver a "arma final", a bomba atômica. Seu primeiro teste ocorreu em julho de 1945, em Alamogordo, Novo México, EUA.

Bomba idêntica a *Little Boy*, que seria detonada sobre Hiroshima, em 6 de agosto de 1945.

V-2, o triunfo da foguetaria alemã.

eram superiores aos de seus rivais norte-americanos e britânicos (ainda que menos em comparação aos excelentes tanques soviéticos, como o T-34); alguns de seus canhões antitanque e antiaéreos se tornaram famosos pela eficiência, como o tipo 88 etc. Eles também foram pioneiros em tecnologias que, posteriormente, revolucionaram a arte da guerra, como os aviões a jato e os foguetes dirigidos, como os famosos V1 e V2.

O grande problema do empenho científico alemão é que muito tempo e esforço foram desperdiçados em projetos de pouco retorno prático imediato (enquanto os Aliados preferiram se concentrar nos de pronta utilização) e, especialmente, que os recursos disponíveis para a pesquisa científica e sua aplicação militar eram menores do que entre os Aliados. Em alguns momentos, inovações militares realmente revolucionárias, como os aviões a jato, não puderam ajudar a reverter a maré da guerra por causa da obsessão de Hitler com a ofensiva (que o levou a destiná-los, inicialmente, ao bombardeio de represália) e

Caça a jato: a tecnologia alemã.

pela falta de recursos para produzi-los, armá-los e abastecê-los corretamente.

Na realidade, o próprio caráter da pesquisa científica no século XX deu aos Aliados a vitória também nessa frente fundamental. A simples descoberta de algo de utilidade militar podia consumir cientistas, matéria-prima, dinheiro e recursos industriais em grande escala, e converter isso numa arma efetiva no campo de batalha era ainda mais custoso. Não surpreende, assim, que o bloco de países mais ricos e com mais amplos recursos tenha vencido também essa disputa.

Isso significa dizer, então, que a sorte da guerra já estava dada desde o primeiro segundo? Alemães, japoneses e italianos teriam sido simplesmente ingênuos em lutar contra adversários tão superiores? Eles nunca tiveram chance de vitória? Só a batalha da produção e da ciência explica tudo?

A questão não é tão simples. Uma guerra não é vencida nas linhas de montagem, mas no campo de batalha, e a vitória não vem apenas do material empregado, mas da liderança, da vontade de lutar dos soldados e das populações envolvidas no conflito e do próprio acaso.

A eficiência militar alemã e japonesa se baseou muito, por exemplo, no espírito de sacrifício e na disciplina, tradicionalmente presentes na cultura desses povos. A derrota da França em 1940, por outro lado, não foi causada unicamente pela inferioridade de seu Exército, mas também por um sentimento derrotista, por uma sensação de que não havia como vencer os alemães, que vinha se desenvolvendo no país desde o início da década de 1930. O profundo desprezo de Hitler pelos eslavos também o fez subestimar o poder soviético e cometer o erro fatal de invadir a União Soviética.

A política foi de fundamental importância. Os conflitos pelo poder no interior dos Estados alemão, japonês e italiano foram de relevância para diminuir a eficiência militar desses Estados; o tratamento desnecessariamente brutal aos povos do Leste Europeu pelos nazistas ajudou a aumentar a resistência contra os ocupantes e a sabotar o esforço de guerra alemão.

Problemas estritamente militares, sem dúvida, contaram. A vitória dos Aliados na espionagem e na guerra da informação foi fundamental para a tomada de decisões em alguns momentos críticos, e sua capacidade em perceber a superioridade da doutrina operacional alemã no início da guerra e, então, remontar todas as suas Forças Armadas para aquele novo padrão (até superando-o) foi fundamental para a vitória.

A moral também foi um ponto-chave. Os Aliados dispunham de recursos econômicos muito superiores aos do Eixo, mas, se estivessem desmoralizados, divididos e sem liderança, poderiam não ter ganho a guerra. O sentimento, entre os soldados e os povos Aliados, de que a cruzada contra o nazismo era justa e necessária (por mais que outros interesses também estivessem presentes) foi fundamental para mantê-los lutando e desconsiderar esse sentimento em favor de puros e simples números econômicos e de produção militar seria errôneo e, talvez, injusto.

Na verdade, é possível dizer que o peso dos números acabou derrotando o Eixo apenas quando avaliamos o conflito como um todo. Em muitos momentos, a linha divisória que separou a derrota da vitória foi tão pequena que abriu-se espaço para muitas divagações: se a ameaça submarina não tivesse sido contida em 1943, teria sido de alguma utilidade o enorme poder dos Estados Unidos, preso no continente americano? Se, em 1940, uma liderança derrotista tivesse assumido o poder na Inglaterra, esta não poderia ter feito um acordo com a Alemanha que teria dado a vitória final a Hitler? Se o povo soviético não tivesse visto como questão de vida e morte a vitória sobre o nazismo e se rendido em 1941, teria sido possível aos ingleses e norte-americanos, apesar do seu poder econômico, reconquistar toda a Europa? Questões para as quais nunca teremos resposta, mas que indicam que nada na História, e muito menos na guerra, é predeterminado e conduzido única e exclusivamente pela economia, pelo material.

No entanto, não resta dúvida de que a batalha da produção e da ciência, a da mobilização material (e também a humana) foi elemento-chave na Segunda Guerra Mundial. Mais que isso, representou um momento de mudanças fundamentais em todas as sociedades envolvidas, as quais nos afetam até hoje.

5. Sociedades em conflito

As populações e o esforço de guerra

Produzir armamentos e equipamentos militares na escala necessária para a guerra e mobilizar milhões de soldados para as frentes de batalha representou um desafio profundo às sociedades envolvidas no segundo conflito mundial. Além da mortandade crescente, a concentração dos recursos nacionais para os fins bélicos significou privações para as populações envolvidas, ainda que com variações significativas de país para país.

Na Itália, por exemplo, houve escassez de comida e bens de consumo e uma explosão da inflação. No Japão, a população sofreu imensamente com a fome a partir de 1943, devido ao bloqueio naval norte-americano. A população soviética também passou por privações intensas, dada a devastação provocada pela guerra no território nacional e a total concentração dos recursos do país na produção militar. Alemães e ingleses sofreram menos com a falta de alimentos e bens básicos, graças, respectivamente, à pilhagem dos territórios ocupados na Europa e ao apoio norte-americano e do Império britânico.

Nesse cenário, a grande exceção foram os Estados Unidos. Não só os militares desfrutavam de suprimentos praticamente ilimitados (o que levou comentaristas alemães e soviéticos a chamá-los de "soldados do conforto"), como também sua população viveu um período de abundância sem precedentes. Os salários médios aumentaram, o desemprego caiu a zero com a mobilização de milhões de homens para as Forças Armadas e a criação de 17 milhões de novos empregos na indústria; e a produção de bens de consumo continuou estável. Graças à sua capacidade econômica, os Estados Unidos foram o único país a sair da guerra mais rico e próspero do que antes.

De qualquer forma, as populações envolvidas na guerra tinham de ser convencidas de que havia um motivo para a luta e que todo aquele esforço e sacrifício fazia sentido. Mesmo no caso de Estados ditatoriais, como a Alemanha nazista e a URSS estalinista (onde era possível reprimir com muito mais eficiência quem não concordasse com a guerra), conquistar o apoio da população era fundamental, e instrumentos de propaganda como o rádio e o cine-

Cartazes de propaganda soviéticos e alemães da Segunda Guerra. Era fundamental manter a população convencida de que a luta fazia sentido. No caso soviético, impedir a tomada de seu território pelas tropas nazistas; quanto à Alemanha, combater judeus e comunistas, seus maiores inimigos.

ma foram amplamente utilizados por todos os países em confronto.

O que variou profundamente foi o teor e o conteúdo da propaganda. Os aliados ocidentais, por exemplo, utilizavam o tema do antifascismo, procurando se apresentar como os paladinos da liberdade contra os horrores do nazifascismo. Dado o ódio geral de boa parte de suas populações contra a ditadura nazista, esse tipo de propaganda foi bem-sucedido. O caráter imperialista dos Estados britânico e francês e a exploração de milhões de homens em seus Impérios foram eclipsados com êxito por esta propaganda, a qual não deixou de ter, contudo, efeitos políticos relevantes no pós-guerra, como veremos a seguir. O nacionalismo puro e simples também foi argumento muito utilizado por todos os contendores.

Todo esse esforço teve retornos muito diferenciados. A disciplina, a repressão, o nacionalismo e um certo grau de crença nas ideias expansionistas e racistas dos seus governos levaram japoneses e alemães a lutar com firmeza até o fim, mas há indícios de que o Eixo, em geral, teve muito mais dificuldade em convencer seus cidadãos da justeza de sua causa do que os Aliados.

No Reino Unido, por exemplo, a combinação de nacionalismo e ódio ao fascismo (especialmente entre os trabalhadores, tradicionalmente mais ligados à esquerda) conseguiu produzir amplo apoio ao governo Churchill durante toda a guerra. Nos Estados Unidos, o entusiasmo pela guerra foi menor, mas ainda assim importante, e, na União Soviética, houve extrema determinação da população em não se curvar ao domínio alemão. Essa situação acabou levando, inclusive, a desdobramentos políticos inesperados, como a queda do fascismo na Itália em 1943 e o aumento do apoio popular a Stalin e seu governo na União Soviética, apesar das intensas privações e repressão pesada do Estado.

De qualquer forma, as mudanças sociais foram profundas nos países envolvidos no conflito. As mulheres, por exemplo, foram incorporadas no mercado de trabalho numa escala maior do que nunca. O mesmo ocorreu nos Estados Unidos, com relação à população negra, que conseguiu mais espaço na sociedade, apesar do tratamento fortemente discriminatório que receberam nas Forças Armadas. Além disso, mesmo nos países capitalistas, o Estado passou a intervir na economia (para regular e controlar a produção) em nível inimaginável anos antes.

Os negros nas Forças Armadas norte-americanas

Mesmo depois do fim da escravidão em 1865, os negros continuaram discriminados e em situação social inferior nos Estados Unidos. Para muitos deles, lutar contra o racismo de Hitler era menos importante do que lutar contra o racismo em casa. Com o início da guerra, os negros foram convocados e entraram para as Forças Armadas em grande quantidade. Foram tratados, porém, de forma discriminatória. Os fuzileiros navais e a Força Aérea não os aceitavam. Na Marinha, serviam em tarefas inferiores e, no Exército, em unidades separadas das brancas e sob o comando de oficiais brancos. O Exército se recusava até mesmo a misturar o sangue de brancos e negros.

O desdobramento mais significativo, contudo, foram os amplos programas de reforma social projetados por vários dos governos envolvidos no conflito para reforçar o apoio da população à guerra. Era o "Estado do bem-estar social" que tomava forma. Reformas sociais já tinham sido colocadas em prática por vários países europeus desde o século XIX, e não há dúvida de que seu reforço no período pós-Segunda Guerra Mundial também se deveu ao interesse das elites dominantes em eliminar quaisquer riscos de atração dos seus operários pelo comunismo. Também foi importante a forte crença, na Europa do pós-guerra, de que criar uma sociedade mais justa era algo necessário como compensação pelos sacrifícios passados. O relatório Beveridge já indicava esse caminho na Inglaterra em 1942, e mesmo a Alemanha nazista pensou em criar um sistema amplo de assistência social (apenas para os alemães arianos, obviamente) em caso de vitória na guerra.

A grande exceção foram os Estados Unidos. Com uma população que não sofreu grandes privações durante a guerra e com a vitória, nas disputas políticas dos anos 1940, de uma elite conservadora que identificava serviços sociais generosos com comunismo, rejeitou-se a ideia de um Estado assistencialista em favor de uma sociedade de consumo que premiava o trabalho árduo, o mercado livre e o sucesso individual. Visões opostas sobre o próprio capitalismo, que influenciam os destinos do mundo mesmo no momento atual.

O novo mundo nazista

A Segunda Guerra Mundial moldou profundamente o mundo em que vivemos hoje e este mundo seria muito diferente se o Eixo tivesse vencido. Evidentemente, nunca saberemos, apesar dos esforços da ficção científica, como seria viver num planeta dominado pelos nazistas. A Europa ocupada pelos alemães

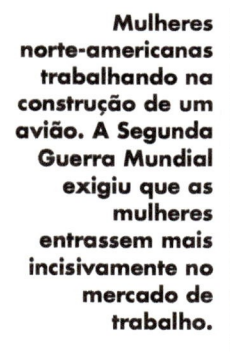

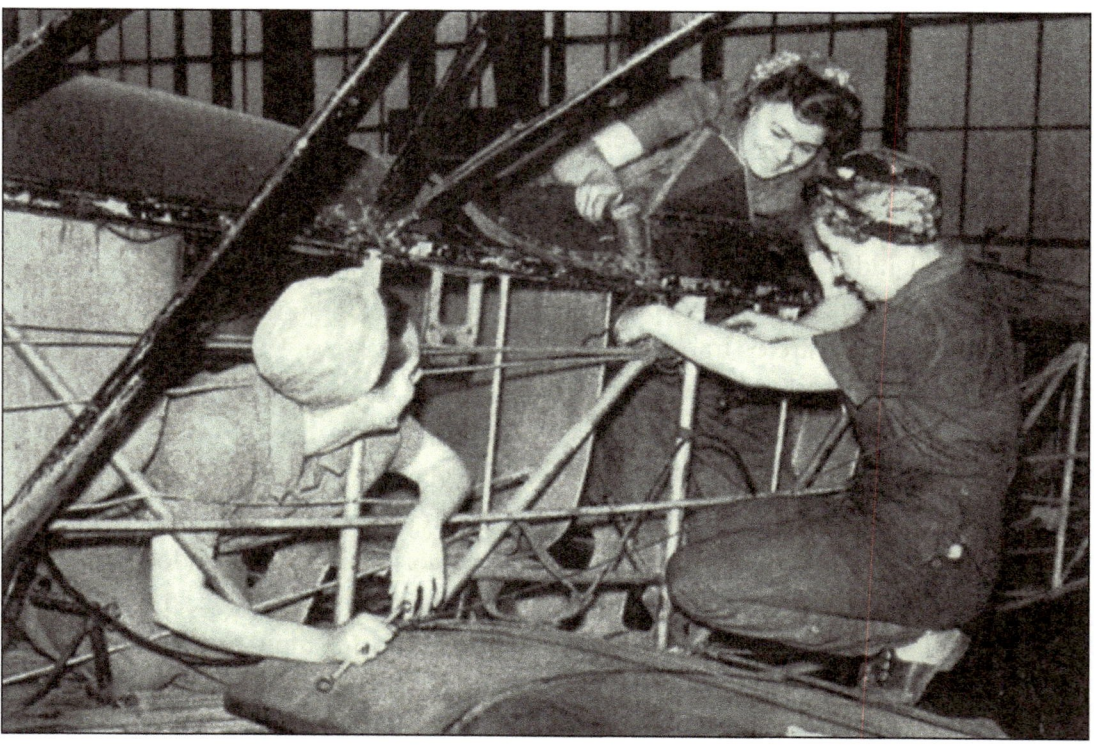

Mulheres norte-americanas trabalhando na construção de um avião. A Segunda Guerra Mundial exigiu que as mulheres entrassem mais incisivamente no mercado de trabalho.

entre 1941 e 1945 oferece um excelente laboratório, contudo, para verificarmos algumas possibilidades

As intenções da liderança nazista a respeito do mundo não eram realmente claras. Há alguns indícios de que Hitler esperava que a futura disputa pelo poder global fosse dar-se com os Estados Unidos e que, portanto, uma ocupação da África e da América Latina seria necessária em algum momento. Essas, porém, eram preocupações de longo prazo, que nunca consumiram muito tempo e energia dos estrategistas alemães.

O caso da Europa era muito diverso. Não há dúvidas de que o objetivo central da Alemanha era dominar completamente o continente europeu e utilizá-lo como base de seu futuro poder mundial. Ao mesmo tempo, os dirigentes alemães tencionavam reorganizar política e racialmente a Europa, de forma a torná-la adequada aos pressupostos ideológicos do nazismo.

Evidentemente, muitas dúvidas rondaram nas mentes dos líderes nazistas. Qual o pedaço do Mediterrâneo que deveria ser deixado à aliada italiana? A França deveria ser desmembrada ou conservada como Estado satélite? A Ucrânia seria conservada como Estado vassalo ou simplesmente reduzida a região colonial? Ou seja, o plano de reorganização do mundo nunca esteve perfeitamente claro para os dirigentes nazistas.

Alguns pontos desse plano, contudo, foram esboçados. A Alemanha deveria ser engrandecida territorialmente de forma a reunir todos os povos de ascendência alemã, enquanto aos germânicos do norte da Europa (escandinavos, holandeses e outros) seria reservado um lugar privilegiado. Os outros povos da Europa Ocidental, como os franceses e os italianos, considerados raças "aceitáveis", teriam a possibilidade de viver no espaço dominado pela Alemanha, mas sem autonomia econômica e política.

A pirâmide racial nazista

Os nazistas tinham um modo muito particular de entender o mundo. Para eles, a humanidade se dividia em raças, e a história do mundo seria decidida por uma grande guerra entre elas.

No topo da pirâmide racial nazista, estariam os alemães, representantes máximos da raça ariana. Logo abaixo, estavam os outros povos germânicos, considerados aparentados aos alemães e que deveriam ser assimilados à nação alemã. Em seguida, viriam os povos da Europa Ocidental, inferiores aos germânicos, mas brancos ainda aceitáveis. Depois, viriam os eslavos da Europa Oriental, inferiores e destinados à escravidão. Ainda mais abaixo, estariam outros povos, como os ciganos, que deveriam ser eliminados, e asiáticos e negros, que serviriam, no máximo, como escravos. Nessa pirâmide, os judeus eram vistos como os maiores inimigos dos germânicos, pois, apesar de considerados inferiores, seriam dotados de qualidades como inteligência, astúcia etc. Para os nazistas, os judeus utilizariam isso para promover a destruição da raça ariana, razão pela qual foram atacados com especial ênfase.

A situação seria muito diversa na Europa Oriental. Aos eslavos (poloneses, russos, ucranianos) seria reservado o trabalho escravo no futuro Império germânico. Não teriam nenhum tipo de direito e deveriam se considerar felizes por não serem simplesmente eliminados por seus mestres germânicos. Aos povos considerados totalmente inferiores dentro da "pirâmide racial nazista", como os ciganos e os judeus, nem a escravidão seria aceitável. Para eles, o único destino era o extermínio puro e simples.

O saque da Europa

Enquanto aguardavam a vitória que lhes permitiria reorganizar o mundo dessa forma, os alemães se preocuparam especialmente em saquear as regiões ocupadas para ampliar seu esforço de produção de guerra. Nesse saque, as concepções ideológicas nazistas novamente têm papel importante para explicar a diferença de tratamento dispensada às regiões da Europa. Nesse sentido, a política de ocupação alemã foi ditada por três principais considerações: segurança militar, exploração econômica e dominação racial.

Todo o território soviético e francês ocupado, por exemplo, em plena linha de batalha, ficou sob administração militar. O mesmo ocorreu com a Sérvia. Os países balcânicos foram reduzidos à condição de protetorados e conservaram alguma liberdade, desde que não recusassem as ordens alemãs. Em países como a Noruega, a Dinamarca e a Holanda, habitados por povos "germânicos" e onde os alemães tinham aliados políticos, a administração ficou a cargo de civis e foi relativamente branda. Isso não quer dizer, obviamente, que não tenha havido opressão nesses países, mas que ela, em comparação com o ocorrido no Leste Europeu, foi menor.

Na Europa Oriental, a opressão nazista atingiu níveis inimagináveis. Centenas de aldeias foram varridas do mapa por uma repressão maciça, e é impossível calcular quantas pessoas perderam a vida. Como indicado anteriormente, a guerra na Europa Oriental assumiu uma ferocidade não vista no Ocidente, e a intensidade do movimento de resistência e a repressão

Crianças judias no campo de concentração de Auschwitz. A perseguição nazista aos judeus transformou-se, no decorrer da guerra, numa política fanática de extermínio, de extensão e barbárie sem paralelos.

alemã a esses movimentos eram muito maiores que no Ocidente. Somente a visão de mundo nazista, que identificava nos eslavos povos a serem escravizados e eliminados, pode explicar essa notável diferença.

O Holocausto cometido contra os judeus e os ciganos se encaixa nesse raciocínio. Não havia nenhuma justificativa militar ou econômica para o massacre de 6 milhões de judeus e centenas de milhares de ciganos. Pelo contrário. Em alguns momentos, recursos fundamentais para a produção militar e para as Forças Armadas foram desviados para garantir a manutenção da máquina de extermínio, e isso prejudicou substancialmente o esforço de guerra alemão. Tanto que é possível até imaginar que o uso racional da mão de obra judia na economia e nas Forças Armadas poderia ter levado a Alemanha à vitória na guerra. Em nome da necessidade de eliminar o grande inimigo (100% imaginário, sem dúvida) da raça alemã e de atender uma das bases de sua ideologia, os nazistas podem, assim, ter destruído as suas próprias chances de vitória, o que revela a importância das ideias e das crenças ideológicas na Segunda Guerra Mundial.

De qualquer forma, os alemães pilharam sistematicamente a Europa. Recursos naturais, como minérios, madeira e alimentos, foram canalizados para a Alemanha, causando racionamento na Europa Ocidental e fome na Oriental. Obras de arte, ouro e depósitos bancários também foram confiscados para financiar a guerra. Ao mesmo tempo, com o recrutamento militar em massa dos alemães e a necessidade de aumentar a produção industrial, adotou-se a convocação de estrangeiros para trabalhar na Alemanha. Em 1944, por exemplo, já havia no país 7 milhões de trabalhadores estrangeiros, dos quais 2,8 milhões eram soviéticos; 1,7 milhão poloneses; 1,3 milhão franceses; 590 mil italianos; 280 mil tchecos; 270 mil holandeses e 250 mil belgas. Nesse ano, um terço dos operários da indústria bélica e metade dos trabalhadores agrícolas da Alemanha eram estrangeiros.

O fato de essa mão de obra ser tratada como população escrava e de existirem diferenças de tratamento de povo para povo (os europeus ocidentais mais bem tratados, os orientais submetidos à intensa brutalidade e os judeus destinados prioritariamente ao extermínio e não ao trabalho), revela muito sobre o que poderíamos esperar de um mundo dominado pelos nazistas. A dominação japonesa na Ásia também foi extremamente brutal.

Os japoneses na Ásia

Apesar de se proclamarem os libertadores dos asiáticos do domínio branco, os japoneses se comportaram, na Ásia, como conquistadores. Convocaram mão de obra escrava para obras militares, reprimiram brutalmente qualquer tentativa de oposição e exploraram os territórios ocupados para ampliar seu esforço de guerra. Por isso, até hoje, qualquer menção, na Ásia, a uma possível volta do militarismo japonês causa imensa preocupação dos países que foram ocupados pelo Japão na época da guerra.

A Resistência e o colaboracionismo

A Resistência: guerrilheiros italianos antifascistas em Florença. Em vários países europeus, a população civil se organizou em grupos de resistência: espionagem, sabotagem, ajuda às pessoas perseguidas eram algumas de suas atividades, combatendo o colaboracionismo e fazendo frente aos nazistas.

O colaboracionismo: Leon Degrelle, líder fascista belga, voluntário das tropas nazistas.

Nessa situação, o aparecimento de algum tipo de resistência era absolutamente natural, e ela surgiu espontaneamente em toda a Europa, variando conforme a situação em cada país. Habitualmente, os resistentes cometiam atos de sabotagem de instalações militares e industriais dos alemães, faziam espionagem para os Aliados e distribuíam propaganda antialemã. Em alguns locais, a Resistência conseguiu estabelecer uma guerra de guerrilhas contra os invasores, chegando a obrigar a mobilização de grandes contingentes militares alemães. Foi o que ocorreu na Iugoslávia, em grandes áreas da União Soviética e no norte da Itália.

A maior parte das forças da Resistência pertencia à esquerda e uma parte substancial delas aos diversos Partidos Comunistas. Isso gerou sérios problemas aos Aliados ocidentais, que não desejavam que países como a França e a Itália tivessem uma influência excessiva da esquerda no pós-guerra. Ingleses e norte-americanos se uniram para desarmar e anular essas forças logo após a chegada de suas tropas a essas regiões. Não conseguiram, porém, eliminar a enorme popularidade dos comunistas nesses e em outros países, o que ajuda a explicar a força da esquerda na Europa no pós-guerra.

Apesar da resistência ao nazismo, também houve colaboração de boa parte da Europa ocupada. As elites econômicas e políticas da Europa Ocidental consideravam muito mais aceitável viver sob o domínio dos nazistas (que garantiriam a propriedade privada e seus privilégios) do que sob governos de esquerda. Grupos políticos conservadores (e, essencialmente, fascistas) foram cooptados em toda a Europa, colaborando com a dominação alemã, seja lutando ao lado dos alemães contra os Aliados, seja apoiando as atividades de repressão em cada país.

Nesse aspecto, portanto, a Segunda Guerra Mundial não foi apenas uma luta entre Estados interessados em dividir o mundo segundo seus interesses. Ela representou também uma fratura política no continente europeu, dividindo cada país e cada sociedade entre os que aceitavam e apoiavam a ocupação e os que a recusavam e combatiam. Uma luta que marcou a história moderna da Europa e do mundo.

6. O Brasil e a Segunda Guerra Mundial

O Brasil e o mundo nos anos 1930

Como visto, a década de 1930 se caracterizou por forte tensão internacional, à medida que Itália, Japão e Alemanha tentavam mudar, pela força, sua posição no mundo. Para o Brasil, essa tensão teve o seu lado positivo, no sentido de que a importância do país no mundo aumentou muito. Realmente, até este período, o Brasil não era um país de grande importância no jogo de poder entre as grandes potências. Com a crescente corrida armamentista e a tensão entre os países ocidentais e a Alemanha, essa situação se alterou. O Brasil tinha algumas matérias-primas essenciais para os preparativos militares alemães (como borracha, quartzo, manganês e ferro), e a Alemanha propôs ao país a compra de grandes quantidades desses produtos em troca de produtos industrializados alemães. Era o chamado sistema de "marcos de compensação", que permitiu um notável incremento no comércio entre os dois países nos anos 1930.

Além disso, a Alemanha (e, em menor grau, a Itália) começou um sistemático trabalho de difusão da ideologia nazista no Brasil. Para isso, ela contava com o apoio de grupos do governo Vargas (interessados no modelo germânico de desenvolvimento nacional e equilíbrio social) e a simpatia de boa parte da coletividade alemã instalada no sul do Brasil e dos integralistas.

Tal situação assustou o governo dos Estados Unidos, que não apreciavam a hipótese de ver um governo pró-Alemanha no seu flanco sul. Isso levou a uma tentativa norte-americana de reforçar os laços com o Brasil e à criação de uma grande máquina de propaganda destinada a convencer os brasileiros da superioridade da democracia norte-americana sobre a ditadura nazista, das vantagens da amizade com os Estados Unidos e da simpatia entre os dois povos. Foi a partir dessa época, e especialmente do início dos anos 1940, que a cultura norte-americana passou a entrar com força no país. Datam dessa época a criação do "Zé Carioca" por Walt Disney, a explosão de Carmem Miranda em Hollywood e a consolidação da influência da música e do cinema norte-americanos. O Brasil desses anos experimentou, portanto, uma situação de disputa entre alemães e norte-americanos por seus recursos e pela influência em sua política interna.

Ação Integralista Brasileira

Fundada em 1932 por Plínio Salgado, a Ação Integralista defendia ideias muito próximas às do fascismo europeu: nacionalismo, anticomunismo, Estado forte etc. Com fortes laços com a Alemanha nazista e a Itália fascista, contava com o apoio de boa parte da classe média e tinha muitos simpatizantes entre as colônias de imigrantes no sul do Brasil, nas Forças Armadas e no clero. Foi sendo eliminada por Getúlio Vargas a partir de 1937 e banida de vez após uma tentativa frustrada de golpe em 1938.

Zé Carioca e outros personagens criados por Disney para aproximar os norte-americanos de seus vizinhos da América Latina.

O Brasil e a entrada na guerra

Com o início da guerra na Europa, a importância do Brasil cresceu mais ainda, pois o Nordeste era a parte do continente americano mais próxima da África, e seria provavelmente por essa região que uma invasão alemã da América se iniciaria. Mesmo depois de 1942, quando se tornou claro que isso não ocorreria, a região continuou importante, pois era do Nordeste que seguiam aviões e equipamentos militares norte-americanos para a África e onde se concentravam navios para o combate aos submarinos alemães no Atlântico Sul. O país continuava de posse, além disso, de várias matérias-primas essenciais para a guerra. Conseguir o apoio ou a neutralidade do Brasil era fundamental.

O governo de Getúlio Vargas aproveitou-se dessa situação para conseguir várias concessões de interesse para o projeto de desenvolvimento do país. Em primeiro lugar, ele obtete do governo dos Estados Unidos créditos e apoio para a construção da primeira indústria siderúrgica do país, a *Companhia Siderúrgica Nacional*, instalada em Volta Redonda (RJ). Além disso, Vargas conseguiu créditos para vários outros programas de seu governo e armamentos para o reequipamento das Forças Armadas brasileiras, uma velha reivindicação dos militares, preocupados com possíveis ameaças de guerra com a Argentina e com seu próprio poder.

Essa foi a chamada "diplomacia pendular" de Vargas: jogar com Estados Unidos e Alemanha, sempre ameaçando um lado de se aliar com o outro, de forma a conseguir concessões dos dois lados.

Foi uma política bem-sucedida, mas chegou uma hora em que foi necessário escolher um lado e era difícil acreditar que o Brasil pudesse se aliar militarmente à Alemanha para uma guerra contra os Estados Unidos.

Em primeiro lugar, havia a mais que evidente questão prática. Os Estados Unidos jamais iriam permitir a presença de um Brasil aliado da Alemanha nas suas fronteiras do sul, e há registros inclusive de planos norte-americanos para invadir o Nordeste brasileiro se essa aliança realmente se concretizasse.

Havia ainda um grande problema de ordem geopolítica. A vitória alemã na guerra teria significado, muito provavelmente, a conquista do sul do Brasil pelos nazistas e a incorporação dos descendentes de alemães dessa região ao Império alemão. O resto do Brasil seria reduzido à condição de satélite ou de colônia. Os dirigentes brasileiros do período, além disso, haviam estabelecido como prioridade o reforço da identidade nacional. Nesse plano, era inaceitável a existência de colônias de estrangeiros que não falassem português e não se sentissem brasileiros. No fim dos anos 1930, o governo Vargas iniciou uma campanha contra esses grupos de estrangeiros, causando a ira principalmente da Alemanha.

A questão ideológica e da política interna brasileira também pesou. Algumas pessoas do governo e da opinião pública brasileira viam com bons olhos as ideias nazistas (e, em especial, as do fascismo italiano), mas não o suficiente para fazer o governo Vargas se aliar à Alemanha por motivos de solidariedade ideológica. Além disso, um dos grupos políticos que ameaçavam o poder de Vargas, os integralistas, que chegou até a tentar um golpe de Estado em 1938, era visivelmente ligado às potências do Eixo. Para Vargas, não havia sentido em uma aliança com um país que apoiava seus inimigos internos.

Isso não significa dizer que Brasil e Estados Unidos tenham se aliado desde o início e que a possibilidade de aliança entre Brasil e Alemanha nunca tenha existido. Em muitos momentos, a corrente pró-Alemanha no governo foi muito forte, e os laços culturais e econômicos dos países do Eixo com o Brasil poderiam ter levado a um afastamento dos Estados Unidos. Itália e Alemanha tiveram o extremo cuidado de cativar e tentar manter um bom relacionamento com o governo Vargas, apesar do contato com os integralistas. No entanto, prevaleceu o que era mais provável e o Brasil foi gradualmente se aproximando dos Estados Unidos no final dos anos 1930.

O início da guerra na Europa apenas fortaleceu a posição norte-americana: os alemães dificilmente poderiam fornecer auxílio militar a seus aliados no Brasil, e o comércio entre o Brasil e a Alemanha caiu a quase zero com o bloqueio naval inglês. Os Estados Unidos, além disso, aumentaram seu esforço de propaganda no país e atenderam, como vimos, às principais reivindicações brasileiras. O resultado desse processo é que o Brasil já estava praticamente dentro do campo Aliado em 1940-1941, ainda que oficialmente neutro no conflito.

Para as potências do Eixo, não havia mais sentido em manter as aparências, já que era visivelmente impossível conseguir retirar o Brasil do abraço norte-americano. A Marinha alemã liberou, então, as costas do Brasil para a guerra submarina. Em poucos meses, de fevereiro a agosto de 1942, 22 navios brasileiros foram afundados por submarinos alemães. No total, o Brasil perdeu 38 barcos entre 1941 e 1943, com o saldo de 1.040 mortes. Grupos de estudantes organizaram manifestações de rua contra o Eixo (e contra o próprio governo Vargas), e o governo brasileiro não teve alternativas a não ser declarar guerra à Alemanha, o que aconteceu em 22 de agosto de 1942. O Brasil entrava no maior conflito da história da humanidade.

Relações Brasil-Estados Unidos. Em 1936, Roosevelt, de passagem pelo Rio de Janeiro a caminho de Buenos Aires, se encontra com Vargas. Com a eclosão da Segunda Guerra, a relação entre os países foi se intensificando.

Primeira página do *Gazeta de Notícias*, de 1942, que noticia o torpedeamento do navio Olinda.

O Brasil na guerra

Após um primeiro momento de preocupação com uma possível invasão alemã e de medidas repressivas contra as colônias de italianos, alemães e japoneses instaladas no Brasil, tornou-se claro que essa invasão era extremamente improvável (dadas as derrotas do Eixo na Europa e no Pacífico) e que a participação do Brasil iria se restringir ao fornecimento de alimentos, matérias-primas e minérios para as fábricas dos Estados Unidos e à proteção das rotas marítimas contra os submarinos alemães. Foi isso o que efetivamente acabou ocorrendo, com o envio maciço desses produtos para a América do Norte e uma eficiente campanha anti-submarina da Marinha brasileira, reequipada e apoiada pela Marinha dos Estados Unidos, que resultou no afundamento de 15 submarinos alemães e um italiano, entre 1942 e 1943.

Para conseguir essas matérias-primas, o governo Vargas mobilizou os trabalhadores (reprimindo-os e controlando-os rigidamente) e lançou uma grande operação de emergência, chamada de "A batalha da borracha". Para conseguir o látex e fabricar a borracha, essencial para os tanques norte-americanos, 55 mil nordestinos foram enviados à Amazônia. Mais de 25 mil morreram na luta contra as doenças tropicais, a fome e o abandono. Foram tratados pelo governo com rigor militar e conseguiram cumprir a meta de aumentar os estoques de borracha dos Aliados, ainda que a um custo humano imenso.

Na verdade, a mobilização dos trabalhadores urbanos e rurais não aconteceu simplesmente para que o Brasil conseguisse cumprir seus compromissos de fornecimento de matérias-primas para os Aliados. Para o governo de Vargas, mobilizar a população em torno da guerra, das Forças Armadas e do nacionalismo

O governo Vargas tenta mobilizar os brasileiros para a guerra.

era uma maneira de reforçar seu próprio poder. No entanto, essa mobilização esbarrava em dois problemas centrais. O primeiro, o Brasil era uma ditadura combatendo ditaduras, e permitir que as pessoas se manifestassem contra as ditaduras fascistas era também permitir que elas se manifestassem contra a própria ditadura Vargas. Por isso, essa mobilização tinha de ser restrita e controlada. Quanto ao segundo problema, ao contrário do que acontecia na Europa, na Ásia e na América do Norte, a guerra era uma realidade muito distante da vida da população brasileira e conseguir convencer as pessoas sobre as medidas de mobilização era tarefa difícil.

A população brasileira não vivenciou realmente um cotidiano de guerra. Houve certa escassez de alimentos e de bens de consumo, mas nada comparável à vivida na Europa. Automóveis particulares sofreram restrições de uso, adotou-se o gasogênio (gás de carvão vegetal) para gerar energia e mover veículos, e estimulou-se o consumo de pão integral e o plantio de hortas caseiras para economizar alimentos. Também foram realizados exercícios contra possíveis ataques aéreos japoneses ou alemães em São Paulo, Rio de Janeiro e em outras cidades, mas os ataques eram tão improváveis que os exercícios causavam mais riso que preocupação. A população brasileira, assim, não entrou verdadeiramente no "espírito da guerra" (a não ser em momentos isolados), e mesmo o envio de soldados para a Itália foi mais uma decisão do governo do que efeito da pressão popular.

O governo brasileiro, considerando que seria conveniente uma participação mais ativa no esforço de guerra aliado, enviou tropas para a frente de batalha. Para ele, o envio teria como primeira consequência a incorporação de material bélico moderno às Forças Armadas e o seu treinamento. Em segundo,

O gasogênio, gás de carvão vegetal utilizado no Brasil na época da guerra.

esperava-se que a presença de pracinhas brasileiros nas frentes de batalha ajudasse a aumentar o apoio da população ao governo Vargas. E, por fim, imaginava-se que uma participação mais ativa dos brasileiros no conflito daria ao país mais relevância nos futuros acordos de paz. Com isso, iniciaram-se negociações com os Aliados para a criação de uma força militar brasileira a ser enviada para a Europa. Ainda que pouco entusiasmados com a ideia de ter de treinar e equipar os brasileiros, os norte-americanos acabaram concordando. Três divisões de infantaria e uma blindada deveriam ter sido recrutadas, mas as dificuldades para conseguir equipamento dos norte-americanos acabaram restringindo a tropa a uma divisão de 25.334 soldados (e mais um esquadrão de caça da Força Aérea). Nascia a *Força Expedicionária Brasileira*, a FEB.

A Força Expedicionária Brasileira

As primeiras tropas brasileiras chegaram em Nápoles em 16 de julho de 1944, e, nos meses seguintes, novas tropas foram desembarcando. Os soldados participaram inicialmente da conquista de pequenas cidades nas montanhas dos Apeninos, como Camaiore e Barga. De novembro de 1944 a fevereiro de 1945, a divisão brasileira foi envolvida na conquista do estratégico Monte Castelo. A posição só foi ocupada após quatro grandes ataques, com grandes baixas entre os brasileiros. Nos meses que se seguiram, a FEB participou da ocupação do centro-oeste da Itália, confrontando-se com os alemães em Castel Nuovo e Montese. Em 28 de abril, ela recebeu a rendição de toda uma divisão alemã, com mais de 17 mil homens. Em julho, os soldados co-

O Brasil envia seus soldados à guerra. Em 2 de julho de 1944, embarca o 1º Escalão da FEB no navio General Mann, com destino a Nápoles.

meçaram a retornar ao Brasil. Morreram 435 soldados e oficiais do Exército e nove oficiais da Força Aérea. Vários milhares foram feridos ou se acidentaram.

Os soldados brasileiros, enviados para a frente de batalha, sentiram na pele o que representava a guerra moderna para um país ainda agrícola e atrasado como o Brasil. Eles tiveram de ser totalmente equipados pelos norte-americanos (desde as fardas e os objetos de uso pessoal até o armamento pesado, como canhões e blindados de reconhecimento) e também estavam pouco acostumados com o rigoroso inverno italiano. Além disso, não só os recrutas brasileiros possuíam pouca experiência militar, como os próprios oficiais — que haviam se formado estudando as teorias bélicas da Primeira Guerra Mundial — tiveram de aprender, na prática, as novas técnicas militares, como o uso dos aviões e dos modernos sistemas de comunicações.

Na verdade, não faz nenhum sentido supervalorizar a participação brasileira na guerra da Europa. Com pouco mais de 25 mil soldados em ação numa guerra que mobilizou dezenas de milhões de homens, numa frente secundária como a italiana (onde os Aliados colocavam justamente as tropas que consideravam menos confiáveis) e chegando às linhas de frente quando a superioridade aliada era quase total, é impossível dizer que a participação brasileira tenha sido decisiva. No entanto, deve ser reconhecida a coragem e a grandeza dos brasileiros, que deram uma colaboração importante para a queda do nazifascismo.

Campanha da Itália

1- Nápoles (16/7/44) - desembarque do 1º Escalão-Hospital
2- Deslocamento por terra de Nápoles a Roma (ferrovia e rodovia); Roma a Livorno (rodovia)
3- Deslocamento por mar de Nápoles a Livorno
4- Livorno - hospital
5- Pisa (6/9/44) - acampamento
6- Staffoli - acampamento
7- Florença (27/4/44)
8- Camaiore (18/10/44) - combate vitorioso
9- Monte Prano (26/9/44) - combate vitorioso
10- Monte Castelo (21/2/45) - combate vitorioso
11- Castel Nuovo (5/3/45) - combate vitorioso
12- Montese (14/4/45) - combate vitorioso
13- Zocca (20/4/45) - combate vitorioso
14- Collecchio (26/4/45) - combate vitorioso
15- Fornovo (28/4/45) - rendição da 148ª Divisão de Infantaria Alemã
16- Alessandria (30/4/45) - último quartel-general da FEB
17- Turim (2/5/45)
18- Susa (2/5/45) - contato entre tropas brasileiras e francesas

Fonte: F. Campos e M. Dolhnikoff. *Atlas História do Brasil*. São Paulo, Scipione, 1993.

Soldados brasileiros em ação na Itália. Pouco mais de 25 mil soldados foram enviados para a frente de batalha.

Os norte-americanos no Brasil

Como resultado da aliança entre brasileiros e norte-americanos, 25 bases militares dos Estados Unidos foram instaladas no Norte e Nordeste do Brasil. A maior delas ficava em Natal e recebeu o nome de Parnamirim Field. Com uma área total de 13,5 milhões de m² e podendo receber centenas de aviões por dia, essa foi uma base fundamental para o esforço de guerra norte-americano, pois, como já dito, era por ali que passavam aviões e suprimentos para as ofensivas aliadas na África do Norte e no Oriente.

A instalação da base e a chegada de milhares de soldados norte-americanos também causaram profundas mudanças sociais e nos costumes na região. As festas, com a presença dos militares norte-americanos, encantavam as moças e enciumavam os rapazes. Namoros entre norte-americanos e brasileiras não foram incomuns. A cidade também vivenciou forte crescimento do comércio, exercícios de guerra e acontecimentos inimagináveis antes, como um *show* com a famosa orquestra de Duke Ellington, a presença de atores de cinema, como Humphrey Bogart e Tyrone Power, e até mesmo do próprio presidente Roosevelt, que visitou a cidade em 1943. Os norte-americanos e a sua cultura haviam chegado para ficar, e não só em Natal.

7. Os efeitos da Segunda Guerra Mundial

O custo da Segunda Guerra Mundial foi inacreditável. Mais de 72 países foram envolvidos, com 110 milhões de soldados convocados e gastos na casa e 1,5 trilhão de dólares (a preços da época). Morreram cerca de 55 milhões de pessoas, dos quais:

URSS	20 milhões
China	10 milhões
Alemanha	6,5 milhões
Judeus	6 milhões
Polônia	5 milhões
Japão	2,3 milhões
Iugoslávia	1,7 milhão
França	600 mil
Itália	500 mil
Romênia	500 mil
Grécia	450 mil
Hungria	430 mil
Áustria	370 mil
Checoslováquia	350 mil
Inglaterra	350 mil
Estados Unidos	300 mil
Ciganos	300 mil

Dados retirados de *Segunda Guerra Mundial*, de Paulo G. Fagundes de Vizentini, Porto Alegre, Editora da UFRG, 1989, p. 118.

A Segunda Guerra Mundial não foi, contudo, apenas um enorme morticínio. Ela mudou profundamente o mundo em todos os aspectos. Antes de mais nada, causou uma profunda reviravolta geopolítica. As nações europeias, que haviam dominado o mundo por quase 400 anos, perderam sua importância e foram substituídas pelas duas grandes potências que haviam saído vitoriosas do conflito, os Estados Unidos e a União Soviética. O conflito entre essas duas novas forças, sob a sombra das armas nucleares, marcou o mundo nos 45 anos seguintes ao conflito.

Enfraquecidas e exaustas pela guerra, as potências europeias também não tiveram forças para manter seus antigos impérios coloniais, e praticamente todas as colônias da África e da Ásia se tornaram nações independentes poucos anos depois. Para isso, colaborou também uma forte mudança no "clima" político do mundo. Realmente, a Segunda Guerra foi uma guerra em que os Aliados se proclamaram a todo o tempo os defensores da liberdade e conclamaram os povos a segui-los com essa bandeira. Pura propaganda em alguns momentos, mas mudou o "clima" a tal ponto que se tornou cada vez mais difícil defender impérios coloniais e a dominação aberta de um povo sobre o outro.

A mudança ideológica mais intensa, contudo, foi o fim da solução fascista para os problemas do mundo e o triunfo das ideias de esquerda. Se, antes da guerra, era possível acreditar que as ideias fascistas (nacionalismo, ditadura etc.) representavam o futuro e que as democracias estavam destinadas a morrer,

Europa após a Segunda Guerra Mundial

LEGENDA
- Países capitalistas
- Países socialistas
- Territórios anexados pela URSS (1940-1945)

Fonte: L. Koshiba. *História: origens, estruturas e processos*. São Paulo, Atual, 2000.

o mundo pós-1945 indicava justamente o contrário. As democracias haviam vencido e as ideias de esquerda triunfaram, seja na versão comunista (que avançou, em boa parte pelos efeitos da guerra, para o Leste Europeu e o Extremo Oriente, entre 1945 e 1950), seja na socialista, cujos princípios de igualdade e bem-estar social conseguiram se firmar, na prática ou na teoria, em quase todo o mundo. Apenas nos últimos anos, com a queda da União Soviética, as forças do conservadorismo estão conseguindo se rearticular e atacar esses ideais.

Para o Brasil, as consequências da guerra foram, evidentemente, menores, mas, ainda assim, importantes. O país não conseguiu a relevância internacional que esperava com a participação no conflito (pois os Estados Unidos logo se desinteressaram pelo Brasil depois que o Eixo foi derrotado), mas elementos importantes para o desenvolvimento nacional foram obtidos graças às possibilidades abertas pela guerra, como a indústria siderúrgica e a reorganização das Forças Armadas. A guerra marcou, além disso, a consolidação da influência norte-americana no Brasil, o que se refletiu no campo cultural e na inserção do país no sistema capitalista reorganizado pelos Estados Unidos depois de 1945.

Os efeitos políticos da guerra também foram muito importantes. A participação no conflito provocou a queda de Getúlio Vargas após 15 anos de governo. A participação na guerra, num primeiro momento, deu nova força ao governo, que podia contar com o firme apoio dos Estados Unidos e mobilizar a população com os apelos nacionalistas. Com o fim do conflito e a volta da FEB para o Brasil, contudo, a situação se complicou.

Para o regime de Vargas, que não era fascista, mas havia incorporado alguns princípios fascistas no "Estado Novo", a situação realmente se modificou. As pessoas se perguntavam como o país podia enviar tropas para combater as ditaduras na Europa e continuar com ela no Brasil. Essa contradição deu novas forças aos opositores de Vargas e, lentamente, eles começaram a reunir forças para derrubar o governo. A mobilização popular contra o regime de Vargas atingiu tal ponto que o próprio governo norte-americano e as forças conservadoras que sempre o haviam apoiado preferiram retirá-lo do poder para evitar riscos maiores de agitação popular e o resultado foi a queda de Vargas em 1945.

O Estado Novo

Em 1937, Getúlio Vargas, através de um golpe de Estado, instituiu uma ditadura que ficou conhecida como "Estado Novo". Tinha como objetivos a modernização nacional por meio da industrialização, o reforço da nacionalidade brasileira e a resolução dos conflitos sociais através da "colaboração de classes". Nesse projeto, as pessoas (operários, empresários, camponeses, fazendeiros) não deveriam competir e lutar entre si por meio de greves e movimentos sociais, mas colaborar para a construção de um Brasil sem conflitos, onde o Estado resolveria todos os problemas e conduziria o país ao progresso. Não era uma ditadura fascista, mas absorveu alguns elementos do fascismo europeu no seu projeto.

Na cultura política brasileira, as consequências da guerra foram ainda mais duradouras. A experiência da guerra moderna e os fortes laços criados entre os militares norte-americanos e brasileiros durante a campanha italiana (laços estes reforçados posteriormente) ajudaram a moldar o pensamento dos militares brasileiros, por muitos anos após o conflito, em direção às ideias de construção de um "Brasil-potência" e anticomunista. Foi essa uma das origens do pensamento que ajudou a criar e manter a ditadura militar implantada no Brasil, em 1964. Assim, um Brasil dominado por uma ditadura, a do "Estado Novo", lutou contra as ditaduras fascistas na guerra, e a participação nessa guerra colaborou para a criação de ideias e tradições entre os militares e civis que ajudaram a preparar outra ditadura, a do regime de 1964, vinte anos depois. Uma peculiaridade do Brasil, que deve nos levar a refletir sobre o real valor e a importância da democracia neste país, mesmo depois de tantos anos após o final do grande conflito que mudou o mundo.

A participação do Brasil na luta contra o nazifascismo aprofundou as críticas ao regime autoritário de Getúlio Vargas, que prometera redemocratizar o país ao fim da guerra.

Linha do Tempo

SEGUNDA GUERRA MUNDIAL

1939

23 de agosto
Assinatura do pacto de não agressão entre soviéticos e alemães

1º de setembro
Tropas alemãs invadem a Polônia

3 de setembro
A França e o Império britânico declaram guerra à Alemanha

23 de setembro
Início da conferência do Panamá: reunião das nações americanas para discutir o início do conflito. O Brasil está presente.

1940

9 de abril
Os alemães invadem a Dinamarca e a Noruega

10 de maio
Tropas alemãs entram na Holanda, Bélgica e Luxemburgo. Na Inglaterra, Winston Churchill se torna primeiro-ministro

10 de junho
A Itália entra na guerra

22 de junho
A França se rende

10 de julho
Primeiros ataques aéreos maciços da Força Aérea alemã sobre a Inglaterra

13 de agosto
Começa a batalha da Inglaterra, entre a Luftwaffe e a Royal Air Force

1941

17 de janeiro
É assinado o primeiro de uma série de acordos aproximando as Forças Armadas brasileira e norte-americana

20 de janeiro
Hitler envia para a África o *Afrika Korps*, sob o comando do general Erwin Rommel, para apoiar os italianos

31 de março
Ofensiva ítalo-alemã no norte da África

13 de abril
Os alemães conquistam Belgrado

27 de abril
Tropas alemãs ocupam Atenas

22 de junho
Começa a Operação Barbarossa: o ataque nazista à União Soviética

15 de agosto
Os alemães completam a conquista da Ucrânia

16 de novembro
Começa a ofensiva alemã contra Moscou

6 de dezembro
Os soviéticos contra-atacam em Moscou

7 de dezembro
Ataque japonês a Pearl Harbour, Havaí

11 de dezembro
Itália e Alemanha declaram guerra aos Estados Unidos

24 de dezembro
Contraofensiva britânica na África do Norte

1942

2 de janeiro
Os japoneses conquistam Manila, capital das Filipinas

12 de janeiro
Tropas japonesas ocupam a Birmânia

15 de janeiro
Início da Conferência do Rio de Janeiro, quando o Brasil manifesta sua solidariedade aos Estados Unidos

21 de janeiro
Início da segunda grande ofensiva de Rommel na Líbia

28 de janeiro
O Brasil rompe relações diplomáticas e comerciais com o Eixo

15 de fevereiro
Início dos ataques de submarinos do Eixo contra navios brasileiros

6 de maio
Os últimos soldados norte-americanos se rendem nas Filipinas. Grande batalha naval no Mar do Coral

28 de maio
O Exército Vermelho reconquista Kharkov

4 de junho
Grande batalha aeronaval entre norte-americanos e japoneses em Midway

23 de agosto
Início da batalha de Stalingrado

31 de agosto
O Brasil declara guerra à Alemanha e à Itália

23 de outubro
Início da ofensiva britânica em El-Alamein, norte da África

3-5 de novembro
Vitória inglesa em El-Alamein

8 de novembro
Desembarque anglo-americano no Marrocos e na Argélia

11-15 de novembro
Batalha de Guadalcanal

NO MUNDO

1939
Abolição da Lei Seca, nos Estados Unidos

Início da ditadura do general Francisco Franco na Espanha

1940
Instituição do salário mínimo no Brasil

Acordo entre os governos brasileiro e norte-americano prevê a construção da usina siderúrgica de Volta Redonda

A penicilina surge como antibiótico

1941
Criação da Companhia Siderúrgica Nacional (CSN) em Volta Redonda, Rio de Janeiro

Instituição da Justiça do Trabalho

1942
Manifestação popular antifascista no Rio de Janeiro, comandada pela UNE

17 de janeiro
O Exército Vermelho liberta Varsóvia

21 de fevereiro
Após quatro ataques, a FEB conquista Monte Castelo

7 de março
Tropas norte-americanas passam o rio Reno

1º de abril
Desembarque norte-americano em Okinawa

12 de abril
Morre Roosevelt

25 de abril
Tropas norte-americanas e soviéticas se encontram em Torgau, Alemanha

28 de abril
A 148ª Divisão alemã se entrega à FEB, em Fornovo

30 de abril
Hitler se suicida em Berlim

8 de maio
Os alemães se rendem

6 de junho
O Brasil declara guerra ao Japão

18 de julho
Os primeiros soldados brasileiros chegam ao Rio de Janeiro, de volta da Europa

6 de agosto
É lançada a bomba atômica em Hiroshima

9 de agosto
É lançada a bomba atômica em Nagasaki

2 de setembro
Rendição do Japão

29 de outubro
Getúlio Vargas é deposto no Brasil

29 de janeiro
Vargas e Roosevelt se encontram em Natal, RN

31 de janeiro
Rendição do Exército alemão em Stalingrado

12 de maio
As tropas do Eixo se entregam na Tunísia

10 de julho
Tropas aliadas desembarcam na Sicília

25 de julho
Cai Mussolini

9 de agosto
Criada oficialmente a Força Expedicionária Brasileira

8 de setembro
A Itália se rende

6 de novembro
O Exército Vermelho liberta Kiev

4 de junho
Os aliados entram em Roma

6 de junho
O dia D. Os aliados desembarcam na Normandia

16 de julho
As primeiras tropas brasileiras chegam a Nápoles

24 de agosto
Paris é libertada

24 de novembro
Primeiro ataque brasileiro a Monte Castelo

16 de dezembro
Contraofensiva alemã nas Argenas, Bélgica

1943 — **1944** — **1945**

No Brasil, é promulgada a Consolidação das Leis do Trabalho (CLT)

Início da publicação das *Obras completas* de Fernando Pessoa

Nos Estados Unidos, entra em operação o primeiro computador, Mark 1

Fundação da Organização das Nações Unidas (ONU)

O Que Ler, Ver, Ouvir, Visitar e por onde Navegar...

Livros

Existem milhares de livros, em todas as línguas, sobre a Segunda Guerra Mundial e o número cresce ano a ano. Nesta listagem, estão apenas os livros básicos utilizados para a redação do presente texto.

BERTONHA, João Fábio. *Fascismo, nazismo, integralismo.* São Paulo, Ática, 2000.
Trabalho introdutório sobre o surgimento e a derrota do fascismo italiano e do nazismo alemão. Aborda também a questão do Integralismo brasileiro. Importante para um primeiro contato com a história dos movimentos políticos-chave para explicar a Segunda Guerra.

FERRO, Marc. *História da Segunda Guerra Mundial.* São Paulo, Ática, 1995.
Obra que trabalha com especial cuidado a questão da propaganda e os aspectos políticos do conflito, como o colaboracionismo, a resistência antinazista e a atuação da esquerda durante a guerra.

KENNEDY, Paul. *Ascensão e queda das grandes potências. Transformação econômica e conflito militar de 1500 a 2000.* Rio de Janeiro, Editora Campus, 1989. 675 p.
Livro brilhante, no qual o autor procura discutir as razões da ascensão e queda das grandes potências no cenário mundial desde 1500 até o momento atual. O capítulo sobre a Segunda Guerra Mundial enfatiza especialmente a questão da batalha da produção e das razões materiais da vitória dos aliados.

KITCHEN, Martin. *Um mundo em chamas: uma breve história da Segunda Guerra Mundial na Europa e na Ásia, 1939-1945.* Rio de Janeiro, Jorge Zahar, 1993.
Reconstrução detalhada da parte militar do conflito, abordando também a mobilização das sociedades envolvidas.

MANDEL, Ernest. *O significado da Segunda Guerra Mundial.* São Paulo, Ática, 1989.
O autor, famoso trotskista recentemente falecido, escreveu um trabalho que aborda com extremo cuidado as questões políticas da guerra e o problema da inovação tecnológica e científica.

SEITENFUS, Ricardo Antônio Silva. *O Brasil de Getúlio Vargas e a formação dos blocos: 1930-1942. O processo de envolvimento brasileiro na Segunda Guerra Mundial.* São Paulo, Cia. Editora Nacional, 1985.
Detalhada reconstrução do processo de envolvimento do Brasil na Segunda Guerra Mundial. Traz grande quantidade de documentos sobre o tema.

TOTA, Antônio Pedro. *O imperialismo sedutor: a americanização do Brasil na época da Segunda Guerra.* São Paulo, Companhia das Letras, 2000.
A melhor obra disponível sobre a penetração cultural norte-americana no Brasil na época da Segunda Guerra.

Filmes

O resgate do soldado Ryan
Estados Unidos, 1998, 170 min (16 anos)
Direção: Steven Spielberg
Trata-se da ação de um grupo de soldados americanos na França em 1944. Os quinze minutos iniciais, que reconstituem o desembarque Aliado na Normandia em junho de 1944, são realistas ao extremo.

Arquitetura da destruição
Suécia, 1992, 121 min (14 anos)
Direção: Peter Cohen
Documentário que procura apresentar o que era a ideologia nazista através de um viés cultural, com amplo uso de extratos de cinemas da época. Essencial para se conhecer o nazismo.

O barco — inferno no mar
Alemanha, 1981, 145 min
Direção: Wolfgang Petersen
Filme alemão, mostra o cotidiano de uma tripulação de um submarino alemão. Sem defender o nazismo, mostra um pouco o outro lado da guerra.

Stalingrado — a batalha final
Alemanha, 1993, 140 min (16 anos)
Direção: Joseph Vilsmaier
Um grupo de soldados alemães vive os horrores da grande batalha de Stalingrado. O filme mostra com realismo como foi uma das maiores batalhas da frente oriental.

Adeus, meninos
França/Alemanha, 1987, 103 min (14 anos)
Direção: Louis Malle
A tragédia que se abate sobre um colégio católico do interior da França quando é invadido por soldados alemães que estão à procura de judeus foragidos. Um dos mais sensíveis filmes sobre a Segunda Guerra Mundial e um brilhante relato sobre a amizade e o ódio entre as pessoas.

Furyo, em nome da honra
Inglaterra/Japão, 1983, 112 min (16 anos)
Direção: Nagisa Oshima
A história se passa num campo japonês de prisioneiros de guerra em Java, em 1942, retratando o tenso relacionamento entre soldados britânicos e nipônicos.

Roma, cidade aberta
Itália, 1946, 94 min (10 anos)
Direção: Roberto Rossellini
Realizado logo depois do fim da guerra, conta a história da resistência italiana em Roma, durante a ocupação alemã da cidade. Um marco do cinema italiano.

Rádio auriverde
Brasil, 1991, 74 min (livre)
Direção: Silvio Back
Documentário sobre a FEB, que causou grande polêmica ao ser lançado, pois vários ex-combatentes consideraram irreverente em excesso.

For all – o trampolim da vitória
Brasil, 1997
Direção: Luiz Carlos Lacerda e Buza Ferraz
Filme brasileiro que aborda a base norte-americana de Natal e o cotidiano da cidade. Marcante sobre esse tema pouco estudado.

Senta a pua
Brasil, 2000, 112 min (livre)
Direção: Erik de Castro

Documentário do cineasta brasiliense Erik de Castro sobre o Primeiro Grupo de Caça da Força Aérea Brasileira em ação na Itália. "Senta a pua" — expressão nordestina que significa "descer porrada" — era o lema do grupo.

Visitas

MINAS GERAIS
Museu da Associação Nacional dos Veteranos da FEB
Rua Francisco Sales, 199 — Floresta
30150-220   Belo Horizonte, MG
Tel.: (0XX31) 3224-9891
site: www.anvfeb.com.br
Acervo composto de material trazido da Itália pelo 11º Regimento de Infantaria (armas, munições e equipamentos) e doações de peças avulsas pelos febianos.

PARANÁ
Museu do Expedicionário — MEXP
Praça do Expedicionário, s/n — Alto da Rua XV
80060-180   Curitiba, PR
tel.: (0XX41) 3264-3931
e-mail: mexp@pr.gov.br
No acervo, uniformes militares, fotografias, pôsteres, armamento, objetos pessoais de ex-combatentes e medalhas.
site: www.museudoexpedicionario.com

RIO DE JANEIRO
Museu do Monumento Nacional aos Mortos da Segunda Guerra Mundial
Av. Infante Dom Henrique, 75 — Glória
20021-140   Rio de Janeiro, RJ
tel./fax: (0XX21) 2240-1283 / 2240-1333
Acervo composto de armas, condecorações, indumentária militar e religiosa, filmes, publicações, estojos de medicamentos de primeiros socorros, telefones de campanha, bandeiras e insígnias de países antigos.

Museu Histórico do Exército e Forte de Copacabana — MHEx/FC
Praça Coronel Eugênio Franco, nº 1 — Posto 6 — Copacabana
22070-020   Rio de Janeiro, RJ
tel./fax: (0XX21) 2521-1032
site: www.fortedecopacabana.com
Armamentos, condecorações, insígnias, uniformes, carros de combate, objetos de uso pessoal e do cotidiano de personalidades militares.

Músicas

Canção do Expedicionário
http://tvuol.com.br/video/cancao-do-expedicionario-0402366AC8A96366
Letra: Guilherme de Almeida
Música: Spartaco Rossi
Conjunto Musical da Polícia Militar do Estado de São Paulo
Hino oficial da Força Expedicionária Brasileira

Canção do Expedicionário
Você sabe de onde eu venho?
Venho do morro, do engenho, das selvas, dos cafezais,
Da boa terra do coco, da choupana onde um é pouco, dois é bom, três é demais.
Venho das praias sedosas, das montanhas alterosas, do pampa, do seringal.
Das margens crespas dos rios, dos verdes mares bravios, da minha terra natal
(estribilho)
Por mais terra que eu percorra, não permita Deus que eu morra, sem que eu volte para lá;
Sem que leve por divisa, esse "V" que simboliza a vitória que virá.
Nossa vitória final, que é a mira do meu fuzil, a ração do meu bornal, a água do meu cantil;
As asas de meu ideal, a glória do meu Brasil.
Eu venho da minha terra, da casa branca da serra, e do luar do meu sertão;
Venho da minha Maria, cujo nome principia, na palma da minha mão;
Braços mornos de Moema, lábios de mel de Iracema, estendidos para mim.
Ó minha terra querida, da Senhora Aparecida e do Senhor do Bonfim!
(estribilho)
Você sabe de onde eu venho? É de uma pátria que eu tenho, no bojo do meu violão;
Que de viver no meu peito, foi até tomando jeito, de um enorme coração.
Deixei lá atrás meu terreiro, meu limão, meu limoeiro, meu pé de jacarandá;
Minha casa pequenina, lá no alto da colina, onde canta o sabiá.
(estribilho)

@ Na Internet

Guerra Fria
www.tvcultura.com.br/aloescola/historia/guerrafria/guerra14/novaordemmundial.htm
Uma produção da TV Cultura com informações organizadas a partir de critérios geopolíticos e culturais sobre o contexto internacional relacionado ao tema.

QUE HISTÓRIA É ESTA?

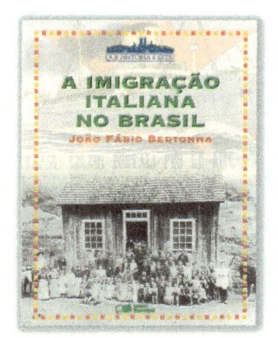

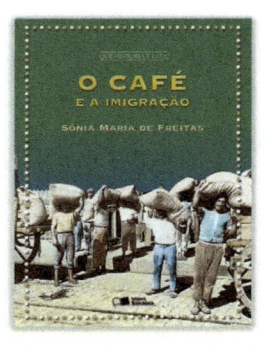

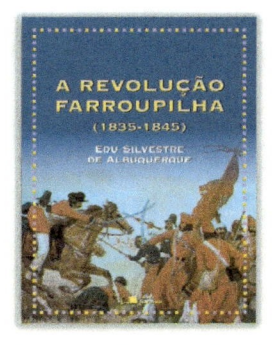

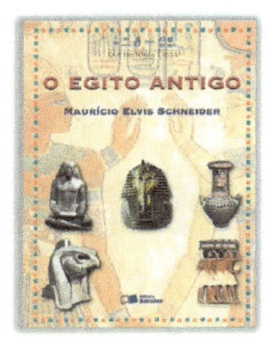

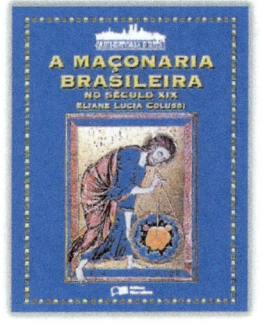

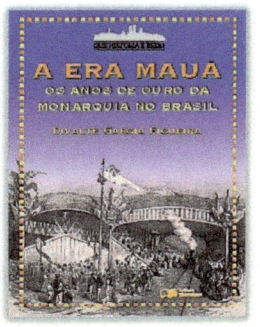

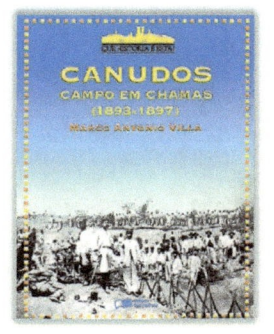

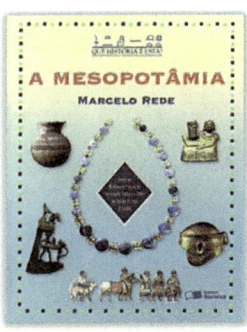

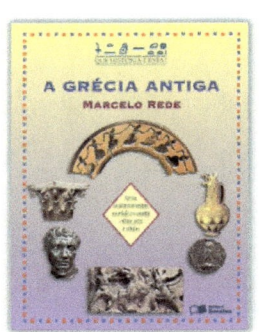

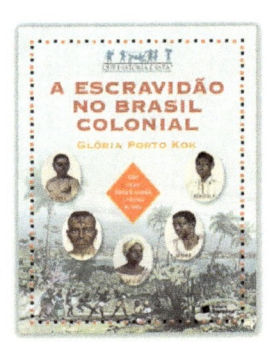

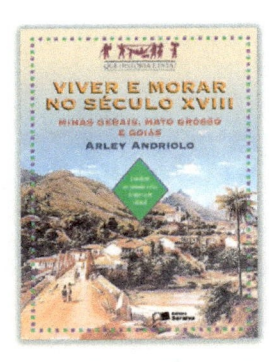

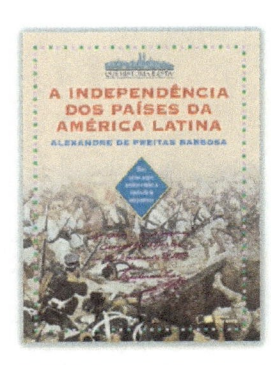

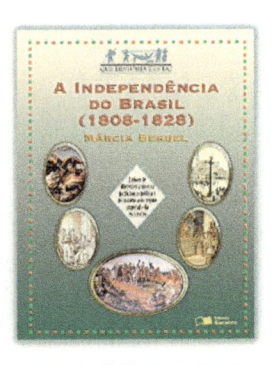

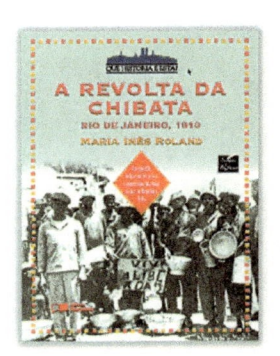

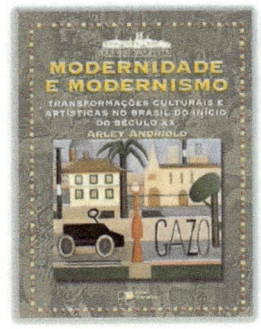

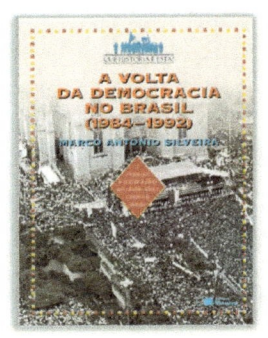

- A IMIGRAÇÃO ITALIANA NO BRASIL — João Fábio Bertonha
- OS REMEIROS DO RIO SÃO FRANCISCO — Zanoni Neves
- O CAFÉ E A IMIGRAÇÃO — Sônia Maria de Freitas
- A REVOLUÇÃO FARROUPILHA (1835-1845) — Edu Silvestre de Albuquerque
- O EGITO ANTIGO — Maurício Elvis Schneider
- A MAÇONARIA BRASILEIRA NO SÉCULO XIX — Eliane Lúcia Colussi
- A ERA MAUÁ: OS ANOS DE OURO DA MONARQUIA NO BRASIL — Divalte Garcia Figueira
- CANUDOS: CAMPO EM CHAMAS (1893-1897) — Marco Antonio Villa
- A MESOPOTÂMIA — Marcelo Rede
- A GRÉCIA ANTIGA — Marcelo Rede
- ROMA E SEU IMPÉRIO — Carlos Augusto Ribeiro Machado
- A ESCRAVIDÃO NO BRASIL COLONIAL — Glória Porto Kok
- VIVER E MORAR NO SÉCULO XVIII: MINAS GERAIS, MATO GROSSO E GOIÁS — Arley Andriolo
- A INDEPENDÊNCIA DOS PAÍSES DA AMÉRICA LATINA — Alexandre de Freitas Barbosa
- A CORTE PORTUGUESA NO BRASIL (1808-1821) — Paula Porta
- A INDEPENDÊNCIA DO BRASIL (1808-1828) — Márcia Berbel
- A REVOLTA DA CHIBATA: RIO DE JANEIRO, 1910 — Maria Inês Roland
- REVOLUÇÕES NA AMÉRICA LATINA CONTEMPORÂNEA: MÉXICO, BOLÍVIA E CUBA — Geraldo de Oliveira Sampaio
- MODERNIDADE E MODERNISMO: TRANSFORMAÇÕES CULTURAIS E ARTÍSTICAS NO BRASIL DO INÍCIO DO SÉCULO XX — Arley Andriolo
- A SEGUNDA GUERRA MUNDIAL — João Fábio Bertonha
- O REGIME MILITAR NO BRASIL (1964-1985) — Carlos Fico
- A VOLTA DA DEMOCRACIA NO BRASIL (1984-1992) — Marco Antonio Silveira